Lupine

Flower-Power-Proteine

Martina Kittler | Barbara Klein

A Rising Star!

HANDS UP FÜR DIE LUPINE, DENN DIESES TRENDFOOD KANN NOCH VIEL MEHR ALS NUR LECKER.

Everyday-Lupi-Power

Das Eiweißwunder punktet vor allem durch Regionalität und Nachhaltigkeit und bringt mit seinen Nährstoffen Body & Soul zum Strahlen. So healthy und happy hast du dich noch nie gefühlt.

Wir haben hier für dich das Wichtigste und Aktuellste rund um die begehrte Hülsenfrucht gesammelt. Überall erwarten dich happy healthy Rezepte und geniale Facts & Hacks. Damit kannst du bei deinen Veggie-Freunden ordentlich trumpfen. Trau dich!
Fang einfach an. Hier wird ausprobiert, wild experimentiert und neu entdeckt. Denn Kochen ist nicht nur Nahrungsaufnahme, sondern Genuss, Lifestyle und macht Spaß! Teil dein Glück unter #happyhealthykitchen und hol dir ein paar Likes bei deinen Freunden ab! Denn geteilter Genuss ist doppeltes Glück.

Stay healthy! Feel happy!

DIE GU-QUALITÄTS-GARANTIE

Wir möchten Ihnen mit den Informationen und Anregungen in diesem Buch das Leben erleichtern und Sie inspirieren, Neues auszuprobieren. Bei jedem unserer Bücher achten wir auf Aktualität und stellen höchste Ansprüche an Inhalt, Optik und Ausstattung. Alle Rezepte und Informationen werden von unseren Autoren gewissenhaft erstellt und von unseren Redakteuren sorgfältig ausgewählt und mehrfach geprüft. Deshalb bieten wir Ihnen eine 100%ige Qualitätsgarantie.

Darauf können Sie sich verlassen:
Wir legen Wert darauf, dass unsere Kochbücher zuverlässig und inspirierend zugleich sind.
Wir garantieren:

- dreifach getestete Rezepte
- sicheres Gelingen durch Schritt-für-Schritt-Anleitungen und viele nützliche Tipps
- eine authentische Rezept-Fotografie

Wir möchten für Sie immer besser werden:
Sollten wir mit diesem Buch Ihre Erwartungen nicht erfüllen, lassen Sie es uns bitte wissen! Wir tauschen Ihr Buch jederzeit gegen ein gleichwertiges zum gleichen oder ähnlichen Thema um. Nehmen Sie einfach Kontakt zu unserem Leserservice auf. Die Kontaktdaten unseres Leserservice finden Sie am Ende dieses Buches.

GRÄFE UND UNZER VERLAG
Der erste Ratgeberverlag – seit 1722.

KV

Inhalt

Lupi-Breakfast

Happy Drinks

Snacks & Soups

Lupilicious Meals

Specials

Sweet Vibes

Lupinen-Benefits

LUPINEN SIND DIE ABSOLUTEN SENKRECHTSTARTER IN DER KÜCHE. WAS IST DAS BESONDERE AN DEN HÜLSENFRÜCHTEN MIT DEM GOLDGELBEN KERN?

Superfood Lupinen

Die Samen der Süßlupine sind wahre Nährstoffwunder. Sie enthalten viel hochwertiges pflanzliches Eiweiß, wenig, aber hochwertiges Fett und wenig Kohlenhydrate, dafür aber jede Menge Ballaststoffe. Auch der Anteil an Mineralstoffen, Spurenelementen und Vitaminen ist beeindruckend und der Gehalt an sekundären Pflanzenstoffen kann sich ebenfalls sehen lassen.

Protein-Giganten

Vegetarier und vor allem Veganer wissen, dass es gar nicht so leicht ist, mit pflanzlicher Kost an ausreichend biologisch hochwertiges Eiweiß in ausreichender Menge zu kommen. Die Deutsche Gesellschaft für Ernährung (DGE) empfiehlt, täglich pro Kilogramm Körpergewicht 1 bis 1 ½ g Eiweiß zu sich zu nehmen. Bei einem Gewicht von 75 kg sind das immerhin rund 100 g Eiweiß – mit Lupinenprodukten ist das kein Problem. Mit einem Eiweißgehalt von bis zu 40 Prozent übertreffen sie auch andere Hülsenfrüchte spielend!

Healthy Bonus

Die gesundheitlichen Vorzüge der Lupinensamen liegen aber nicht nur in der Zusammensetzung und Qualität der Hauptnährstoffe Eiweiß, Fett und Kohlenhydrate. Die Lupine und daraus hergestellte Produkte werden auch von Menschen mit Glutenunverträglichkeit und Laktoseintoleranz gut vertragen. Außerdem sind Lupinensamen frei von Purinen und Cholesterin, was sich günstig auf die Harnsäure- bzw. Cholesterinwerte auswirkt. Und Lupinen verursachen weniger Blähungen als andere Hülsenfrüchte.

Allrounder in der Küche

Lupinensamen und die daraus hergestellten Produkte kommen in der Küche vielfältig zum Einsatz – für süße und pikante Gerichte. Ganze Samen und Schrot dienen als Fleischersatz, ebenso aus dem »Quark« hergestellte Lupinenfilets, -schnitzel und -würstchen. Lupinen können zu Milch, Joghurt und Desserts sowie zu Aufstrichen und Dips verarbeitet werden. Lupinenmehl wird Back- und Teigwaren zugegeben und dient als Ersatz für Hühnereier, da es emulgierende und lockernde Eigenschaften aufweist. Und nicht zuletzt lässt sich aus den gerösteten Kernen ein bekömmlicher Kaffee zubereiten.

Grüner Gewinner

Ökologisch gesehen ist die Süßlupine ein echter Gewinn: Sie ist nicht gentechnisch verändert, verträgt magere, sandige Böden sowie das gemäßigte mitteleuropäische Klima. Somit kann die Lupine regional angebaut und muss nicht aus fernen Ländern importiert werden. Sie wirkt, wie alle Leguminosen, als natürlicher Stickstoffdünger, fördert aufgrund ihrer Wurzeln die Lockerung des Bodens und hat dadurch eine positive Wirkung auf nachfolgend angebaute Nutzpflanzen.

Overnight Oats mit Beeren

Was im Kühlschrank lange ruht, wird am Morgen ein Super-Müsli: Flocken, Hanf- und Chia-Samen quellen in Mandeldrink und werden mit Beeren getoppt.

FÜR 2 PERSONEN
ZUBEREITUNGSZEIT: 15 MIN. | EINWEICHZEIT: 12 STD.
PRO PORTION: CA. 585 KCAL | 24 G E | 25 G F | 57 G KH

- → 3 EL Lupinenflocken
- → 3 EL Haferflocken
- → 2 EL Chia-Samen
- → 1 EL Hanfsamen
- → 2 EL getrocknete Cranberrys
- → 250 ml Mandeldrink
- → 1 kleiner Apfel
- → 2 TL Zitronensaft
- → 1 EL flüssiger Akazienhonig
- → 125 g gemischte Beeren (z. B. Heidelbeeren, Johannisbeeren)
- → je 1 EL Mandeln, Sonnenblumen- und Kürbiskerne

1. Am Vorabend die Lupinen- und Haferflocken mit Chia-Samen, Hanfsamen, Cranberrys und 200 ml Mandeldrink in einer Schüssel mischen und zugedeckt im Kühlschrank über Nacht quellen lassen.

2. Am Morgen den Apfel waschen, vierteln und entkernen. Die Viertel grob raspeln und mit dem Zitronensaft mischen, mit Honig und übrigem Mandeldrink unter die Flockenmischung rühren.

3. Die Beeren verlesen, abbrausen, trocken tupfen. Die Oats in zwei Schalen verteilen und die Beeren daraufgeben. Die Mandeln, Sonnenblumen- und Kürbiskerne grob hacken und auf die Oats streuen.

Various Flakes

Keine Zeit fürs Frühstück? Overnight Oats sind die Lösung! Das Müsli ist auch super mit anderen Getreideflocken oder Pseudogetreide wie Quinoa oder Amaranth.

Lupinen-Porridge mit Birnen

Genussvolles Warm-up: Bei diesem leicht nussigen Brei mit Lupinen- und Haferflocken, Rosinen und Zimt hängt nicht nur für Veganer der Morgen voller Geigen.

FÜR 2 PERSONEN
ZUBEREITUNGSZEIT: 25 MIN.
PRO PORTION: CA. 440 KCAL | 16 G E | 18 G F | 47 G KH

- 3 EL Lupinenflocken
- 3 EL zarte Haferflocken
- ¼ TL gemahlene Vanille
- 1 EL Rosinen
- 300 ml Haselnussdrink
- 100 ml Birnensaft
- 2 Birnen
- ½ Zitrone
- 1 EL Birnendicksaft
- 2 EL Haselnussblättchen
- Zimtpulver zum Bestäuben

1. Die Lupinen- und Haferflocken, Vanille, Rosinen, 250 ml Haselnussdrink und Birnensaft in einem Topf zum Kochen bringen und bei kleiner Hitze unter Rühren offen 10–12 Min. köcheln lassen.

2. Den übrigen Haselnussdrink unter den Porridge rühren und auf der ausgeschalteten Herdplatte 5–10 Min. quellen lassen.

3. Inzwischen die Birnen waschen, vierteln und entkernen. Die Hälfte der Birnen quer in dünne Scheiben, die übrigen für die Deko längs in Spalten schneiden. Die Birnen mit Zitronensaft beträufeln und die Birnenscheiben mit dem Birnendicksaft unter den warmen Brei mischen. Den Porridge in Schalen füllen, die Birnenspalten und die Haselnussblättchen darauf verteilen und mit Zimtpulver bestäuben.

Mal anders

Abwechslung gefällig? Bereite den Porridge auch mal mit anderen Pflanzendrinks zu, etwa mit Lupinendrink, Kokosmilch, Mandel- oder Hanfdrink.

Bananen-Pancakes mit Feigen-Mokka-Sauce

FÜR 2 PERSONEN
ZUBEREITUNGSZEIT: 30 MIN.
PRO PORTION: CA. 615 KCAL | 21 G E | 26 G F | 70 G KH

FÜR DIE PANCAKES:
→ 1 reife Banane
→ 2 EL Agavensirup
→ 1 EL weiches Kokosöl
→ 150 ml Mandeldrink
→ 50 g Weizenmehl (Type 550)
→ 50 g Lupinenmehl
→ 1 TL Weinstein-Backpulver
→ ½ TL gemahlene Vanille
→ Salz
→ 3–5 EL Mineralwasser mit Kohlensäure
→ 2 EL Öl
→ 1 EL Kokosraspel zum Bestreuen

FÜR DIE SAUCE:
→ 1 große Orange
→ 50 g getrocknete Soft-Feigen
→ 1 Beutel Lupinen-Proteinshake-Pulver (Cappuccinogeschmack; à 18 g)
→ 2 TL schwach entöltes Kakaopulver

1. Für die Pancakes die Banane schälen, in Stücke schneiden und mit Agavensirup, Kokosöl und Mandeldrink in einem hohen Rührbecher mit dem Pürierstab mixen. Das Weizen- und Lupinenmehl, Backpulver, Vanille und 1 Prise Salz mischen. Dann esslöffelweise mit dem Handrührgerät unter die Bananenmischung rühren, sodass ein homogener Teig entsteht. Falls der Teig zu dickflüssig ist, noch etwas Mineralwasser unterrühren. Den Teig mindestens 10 Min. quellen lassen.

2. Inzwischen für die Sauce die Orange mit einem scharfen Messer so schälen, dass auch die weiße Haut mit entfernt wird. Die Fruchtfilets zwischen den Trennwänden herausschneiden und den abtropfenden Saft auffangen. Die Feigen grob schneiden, mit 80 ml Wasser, 2 EL Orangensaft, dem Proteinshake- und dem Kakaopulver in einem hohen Rührbecher mit dem Pürierstab zu einer Sauce mixen (sie darf noch leicht stückig sein).

3. Den Backofen auf 80° vorheizen. In einer großen beschichteten Pfanne 1 EL Öl bei mittlerer Hitze erhitzen. Runde Kleckse aus jeweils 1–2 EL Teig in die Pfanne geben, dabei die Pfanne nicht schwenken. Die Unterseiten der Pancakes in 3–4 Min. goldbraun backen, dann wenden und die jeweils andere Seite in 1–2 Min. ebenfalls goldbraun backen. Die Pancakes auf einem Teller im Backofen warm halten.

4. Das restliche Öl in der Pfanne erhitzen und aus dem übrigen Teig auf die gleiche Weise weitere Pancakes backen. Die Pancakes auf zwei Teller verteilen und mit Kokosraspeln bestreuen. Die Feigen-Mokka-Sauce und die Orangenfilets separat dazu servieren.

Für Morgenschwärmer

Do it yourself

Crunchy Lupi-Granola

Super crunchy: Den Mix aus gerösteten Flocken, Amaranth, Kernen, Bananen und Kakao-Nibs möchte man morgens am liebsten direkt aus dem Glas löffeln.

FÜR 800 G

- → 2 Bananen
- → 6 getrocknete Soft-Datteln
- → Salz
- → 50 g Cashewmus (ersatzweise Mandelmus)
- → 50 g Mandeln
- → 300 g kernige Haferflocken
- → 100 g zarte Haferflocken
- → 100 g Lupinenflocken
- → 50 g Amaranth
- → 50 g Sonnenblumenkerne
- → 50 g getrocknete Goji-Beeren
- → 50 g Kakao-Nibs

1. Den Backofen auf 160° vorheizen. Die Bananen schälen und grob würfeln. Die Datteln grob schneiden. Bananen, Datteln und 1 Prise Salz in einem hohen Rührbecher mit dem Pürierstab fein mixen. Das Cashewmus dazugeben (Bild 1) und auf kleiner Stufe kurz weitermixen.

2. Die Mandeln hacken, mit Hafer- und Lupinenflocken, Amaranth, Mandeln, Sonnenblumenkernen und dem Bananenmix in einer Schüssel verrühren (Bild 2). Die Mischung auf einem mit Backpapier ausgelegten Blech verteilen und im Ofen (Mitte) in 30–40 Min. knusprig rösten, dabei ein paarmal durchmischen.

3. Das Granola aus dem Ofen nehmen und auf dem Blech vollständig auskühlen lassen. Die Goji-Beeren und die Kakao-Nibs untermischen (Bild 3). Das Knusper-Granola in ein Glas oder eine Blechdose füllen und gut verschlossen lagern. Das Knuspermüsli hält sich etwa 4 Wochen.

Crunchy Lupinenmüsli

FÜR 2 PERSONEN
ZUBEREITUNGSZEIT: 20 MIN.
PRO PORTION: CA. 650 KCAL | 16 G E | 23 G F | 91 G KH

- 2 EL Cashewkerne
- 2 TL Kokosöl
- 2 EL Lupinen-Crunchy (Fertigprodukt; oder mittelgrobes Lupinenschrot)
- 1 ½ EL flüssiger Akazienhonig
- 4 EL Emmerflocken
- 250 g Erdbeeren
- 4 reife Aprikosen
- 300 g Lupinen-Joghurtalternative (Fertigprodukt; ersatzweise Sojaghurt)
- 2 TL Limettensaft
- ½ TL gemahlene Vanille

1. Die Cashewkerne grob hacken. Das Kokosöl in einer Pfanne erhitzen, die Cashewkerne und das Lupinen-Crunchy darin in ca. 5 Min. goldbraun rösten. Den Honig darüberträufeln und erhitzen. Die Emmerflocken unterrühren und den Mix auf einem Teller abkühlen lassen.

2. Inzwischen die Erdbeeren abbrausen, trocken tupfen, putzen und halbieren oder vierteln. Die Aprikosen waschen, halbieren, entkernen und in Spalten schneiden.

3. Den Joghurt mit Limettensaft und Vanille verrühren, auf zwei Schalen verteilen. Vom Lupinen-Crunchy-Mix 2 EL abnehmen, den Rest auf dem Joghurt anrichten. Die Erdbeeren, die Aprikosen und den übrigen Crunchy-Mix darauf verteilen.

Crunchy Stock

Morgens will man nicht lange in der Küche werkeln, schließlich hat man ein volles Programm vor sich. Also bereite ich an einem Musetag vom Crunchy Müsli gleich die vier- oder fünffache Menge zu. Gut verschlossen in einem Glas oder einer Dose hält es sich etwa 4 Wochen.

Pikantes Knuspermüsli

FÜR 2 PERSONEN
ZUBEREITUNGSZEIT: 20 MIN.
PRO PORTION: CA. 455 KCAL | 24 G E | 27 G F | 27 G KH

- → ½ EL Kokosöl
- → 1 EL gehackte Haselnüsse
- → 2 EL Lupinen-Crunchy (Fertigprodukt; oder mittelgrobes Lupinenschrot)
- → 2 EL Buchweizengrütze
- → ½ EL Zuckerrübensirup
- → Salz | Pfeffer
- → ½ Bio-Salatgurke (ca. 200 g)
- → 200 g Kirschtomaten
- → 1 Handvoll Sprossen (z.B. Rettich-, Radieschen-, Alfalfasprossen)
- → 200 g körniger Frischkäse
- → 100 g Lupinen-Joghurtalternative (ersatzweise Kuhmilchjoghurt)
- → 2 EL Olivenöl
- → 1 TL Zitronensaft
- → ½ Bund Schnittlauch
- → Chiliflocken (nach Belieben)

1. In einer beschichteten Pfanne das Kokosöl erhitzen. Haselnüsse, Lupinen-Crunchy und Buchweizengrütze darin bei mittlerer Hitze unter gelegentlichem Wenden in ca. 5 Min. goldbraun anrösten. Den Zuckerrübensirup untermischen, mit Salz und Pfeffer abschmecken und auf einem Teller abkühlen lassen.

2. Die Gurke waschen, längs vierteln, entkernen und in Scheiben schneiden. Die Kirschtomaten waschen und vierteln. Die Sprossen abbrausen und abtropfen lassen.

3. Den Frischkäse mit dem Joghurt und Olivenöl verrühren. Mit Zitronensaft, Salz und Pfeffer abschmecken. Den Schnittlauch abbrausen, trocken schütteln, in feine Röllchen schneiden und bis auf 2 EL untermischen.

4. Die Frischkäsemischung auf Schalen verteilen, mit Gurken, Tomaten und Crunchy-Mix belegen. Die Sprossen und den übrigen Schnittlauch daraufstreuen. Wer's gerne scharf mag, streut noch ein paar Chiliflocken aufs Müsli.

Gemüse-Lupinen-»Rührei«

FÜR 4 PERSONEN
ZUBEREITUNGSZEIT: 30 MIN.
PRO PORTION: CA. 300 KCAL | 20 G E | 14 G F | 22 G KH

- 50 g Lupinenmehl
- 50 g Kamut-Vollkorngrieß
- 250 g Lupinendrink (s.S. 29 oder Fertigprodukt; ersatzweise Hafer- oder Mandeldrink)
- Salz | Pfeffer
- 1 kleiner Zucchino (ca. 100 g)
- 6 Kirschtomaten
- 4 Frühlingszwiebeln
- ½ Kästchen Kresse
- 2 Lupinenfilets (200 g)
- 2 EL Olivenöl

1. Das Lupinenmehl mit dem Vollkorngrieß und dem Lupinendrink zu einer glatten, dickflüssigen Masse verquirlen, dabei eventuell noch 2–3 EL kaltes Wasser untermischen. Mit Salz und Pfeffer würzen und quellen lassen.

2. Inzwischen den Zucchino putzen, waschen, längs halbieren und fein würfeln. Die Kirschtomaten waschen und halbieren. Die Frühlingszwiebeln putzen, waschen, den weißen und hellgrünen Teil schräg in ca. 2 cm breite Stücke schneiden (den dunkelgrünen Teil anderweitig verwenden, z.B. für eine Suppe). Die Kresse abbrausen und vom Beet schneiden.

3. Die Lupinenfilets in dünne Scheiben, dann in feine Würfel schneiden. 1 EL Öl in einer beschichteten Pfanne erhitzen und die Lupinenfilets darin bei großer Hitze 2–3 Min. unter gelegentlichem Wenden knusprig braten. Aus der Pfanne nehmen und beiseitestellen.

4. Das übrige Öl in der Pfanne erhitzen. Den Zucchino und die Frühlingszwiebeln darin bei mittlerer Hitze 1–2 Min. andünsten. Die Lupinenmehl-Mischung dazugeben und bei kleiner Hitze in 4–6 Min. zu einem festen, goldgelben »Rührei« backen. Die Hälfte der Lupinenfilets sowie die Tomaten darauf verteilen und 2–3 Min. weiterbraten, dabei das »Rührei« mit einem Pfannenwender in Stücke zupfen.

5. Das Gemüse-»Rührei« auf Teller verteilen, mit dem übrigen Lupinenfilet, Pfeffer und Kresse bestreuen. Dazu schmecken Lupinen-Frühstücksbrötchen (s.S. 20).

Lieber ein Omelett?

Aus den Zutaten für das Lupinen-»Rührei« wird im Nu ein Omelett: Dafür das klein gewürfelte Lupinenfilet in 2 EL Olivenöl bei großer Hitze 3–4 Min. anbraten und die Hälfte herausnehmen. Zucchino, Frühlingszwiebeln und Tomaten bei mittlerer Hitze 1–2 Min. mitbraten. Die Lupinenmehlmischung über das Gemüse gießen und 5–7 Min. backen lassen. Das Omelett mit dem restlichen Lupinenfilet und der Kresse bestreuen.

Ei mal anders

» Éat Lupi, be happy! «

VERFASSER UNBEKANNT

Lupinen-Frühstücksbrötchen

FÜR 16 STÜCK
ZUBEREITUNGSZEIT: 30 MIN. | GEHZEIT: 1 STD. | BACKZEIT: 25 MIN.
PRO PORTION: CA. 190 KCAL | 8 G E | 8 G F | 22 G KH

FÜR DEN TEIG:
- 5 EL Milch
- 1 Würfel frische Hefe (ca. 42 g)
- ½ EL Rohrohrzucker
- ca. 400 g Weizenmehl (Type 550)
- 100 g Lupinenmehl
- 1 TL Salz
- 50 ml Hanföl (ersatzweise Walnussöl)

AUSSERDEM:
- je 2 EL Mohnsamen, Sesam, Lupinenflocken, Sonnenblumen- und Kürbiskerne
- Mehl zum Arbeiten

1. Für den Teig in einem Topf 250 ml Wasser und die Milch lauwarm erhitzen. Die Hefe und den Zucker hinzufügen und alles glatt rühren. Die beiden Mehlsorten mit dem Salz in einer Schüssel mischen. Die Hefemischung und das Öl dazugeben. Alles mit den Knethaken des Handrührgeräts in ca. 5 Min. zu einem glatten Teig verkneten, dabei, falls nötig, noch etwas Weizenmehl einarbeiten.

2. Den Teig zu einer Kugel formen und in einer Schüssel zugedeckt an einem warmen Ort ca. 30 Min. gehen lassen, bis er sein Volumen verdoppelt hat.

3. Den Teig auf der bemehlten Arbeitsfläche erneut durchkneten, zu einer Rolle formen und in 16 gleich große Stücke schneiden. Die Stücke zu Kugeln formen, auf zwei mit Backpapier belegte Bleche setzen und dabei etwas flach drücken.

4. Die Teigrohlinge mit Wasser bestreichen. Je 2–3 Stück mit Mohnsamen, Sesam, Lupinenflocken, Sonnenblumen- oder Kürbiskernen bestreuen und leicht andrücken. Die Teigkugeln zugedeckt an einem warmen Ort ca. 30 Min. gehen lassen.

5. Den Backofen auf 250° erhitzen. Die Brötchen im Ofen (Mitte) blechweise in jeweils 10–12 Min. goldbraun backen. Herausnehmen und auf einem Kuchengitter auskühlen lassen. Dazu passt Quark oder Frischkäse mit Crunchy Beerenkonfitüre (s. S. 27) oder ein herzhafter Lupinen-Aufstrich (s. S. 24/25).

Downsizen

Warum nicht mal kleine Brötchen backen? Forme aus dem Teig fürs Party-Büfett 24 Minikugeln und backe sie in 8–10 Min. knusprig. Da kann keiner widerstehen!

Goldenes Morgenglück

Chia-Lupinen-Brot

FÜR 1 BROT (CA. 1 KG; 20 SCHEIBEN)
ZUBEREITUNGSZEIT: 30 MIN. |
GEHZEIT: 1 STD. 30 MIN. |
BACKZEIT: 1 STD.
PRO SCHEIBE (50 G): CA. 120 KCAL |
6 G E | 2 G F | 18 G KH

FÜR DEN TEIG:

- → 200 g Maismehl (ersatzweise Reismehl)
- → 100 g Teffmehl
- → 100 g Buchweizenmehl
- → 100 g Lupinenmehl
- → 2 TL Johannisbrotkernmehl
- → 1 EL gemahlene Flohsamenschalen
- → 1 TL Meersalz
- → 500 ml Buttermilch
- → 1 Würfel frische glutenfreie Hefe (ca. 42 g)
- → 1 TL Reissirup
- → 25 g Chia-Samen
- → 25 g Sesam
- → 50 g glutenfreie Haferflocken

AUSSERDEM:

- → Öl für die Form
- → Kastenform (26 cm)

1. Die Mehlsorten, Flohsamenschalen und Salz in einer Rührschüssel mischen. Die Buttermilch und 100 ml Wasser in einem Topf lauwarm erhitzen. Dann mit der zerbröckelten Hefe, Reissirup, Chia-Samen, Sesam und 30 g Haferflocken in einer Schüssel mischen. Die Buttermilchmischung zu den Mehlen gießen und mit dem Handrührgerät zu einem feuchten Teig verkneten. Den Teig zugedeckt an einem warmen Ort ca. 1 Std. gehen lassen, bis er sein Volumen verdoppelt hat.

2. Die Kastenform einfetten. Den Teig durchkneten, in die Form füllen, glatt streichen und erneut zugedeckt an einem warmen Ort ca. 30 Min. gehen lassen.

3. Den Backofen auf 220° vorheizen. Das Brot längs einschneiden, mit den restlichen Haferflocken bestreuen und diese etwas andrücken. Eine ofenfeste Schale mit Wasser auf den Backofenboden stellen. Das Brot im Ofen (Mitte) in ca. 1 Std. knusprig-braun backen, dabei nach 10 Min. die Temperatur auf 200° reduzieren.

4. Das Brot aus dem Ofen nehmen und auf einem Kuchengitter abkühlen lassen. Chia-Lupinen-Brot ist ein echter Allrounder – es schmeckt pikant und süß belegt.

Brot-Check

Wie checkt man, ob das Brot fertig gebacken ist? Ganz einfach, man klopft mit dem Finger auf die Unterseite – klingt es hohl, ist es durchgebacken.

Locker ohne Gluten

Kräuter-Erbsen-Aufstrich

FÜR 6 PORTIONEN (CA. 270 G)
ZUBEREITUNGSZEIT: 20 MIN. |
KÜHLZEIT: 30 MIN.
PRO PORTION: CA. 70 KCAL |
4 G E | 4 G F | 3 G KH

- 1 Schalotte
- 2 EL Olivenöl
- 50 g feines Lupinenschrot
- 100 g TK-Erbsen
- 100 ml Gemüsebrühe
- Salz | Pfeffer
- 1–2 TL Zitronensaft
- ½ Bund Frühlingskräuter (z.B. Basilikum, Kerbel, Petersilie, Schnittlauch)

1. Die Schalotte schälen und fein würfeln. 1 EL Öl in einem kleinen Topf erhitzen und die Schalotte darin in ca. 2 Min. glasig dünsten. Das Lupinenschrot und die TK-Erbsen 1–2 Min. mitdünsten. Die Brühe angießen, aufkochen und zugedeckt bei kleiner Hitze 4–5 Min. köcheln lassen, bis die Flüssigkeit fast verdampft ist. Vom Herd nehmen und etwas abkühlen lassen.

2. Den Erbsen-Lupinen-Mix und das übrige Öl in einem hohen Rührbecher mit dem Pürierstab fein mixen. Die Paste mit Salz, Pfeffer und Zitronensaft herzhaft würzen und abkühlen lassen.

3. Inzwischen die Kräuter abbrausen und trocken schütteln, die Blätter abzupfen und bis auf ein paar wenige fein schneiden. Die Kräuter unter die Paste mischen. Den Aufstrich im Kühlschrank ca. 30 Min. ziehen lassen und noch einmal abschmecken. Passt prima zu Vollkornbrot, Ciabatta oder Baguette. Im Kühlschrank hält sich der Aufstrich ca. 1 Woche.

Veganer Snack

Rundum gesund und bunt: Jede Menge Gemüse und frische Kräuter, dazu Lupinenschrot für Struktur und Biss – fertig ist eine leckere vegane Mahlzeit.

Paprika-Lupinen-Paste

FÜR 6 PORTIONEN (CA. 250 G)
ZUBEREITUNGSZEIT: 25 MIN. | KÜHLZEIT: 30 MIN.
PRO PORTION: CA. 50 KCAL | 3 G E | 2 G F | 2 G KH

→ 1 rote Paprika
→ 2 Schalotten
→ 1 Knoblauchzehe
→ 1 EL Olivenöl
→ 40 g feines Lupinenschrot
→ 1 EL Tomaten-Paprika-Mark (Tube)
→ 5 EL Gemüsebrühe
→ Salz
→ Pfeffer
→ Chiliflocken (nach Belieben)
→ 1 TL Aceto balsamico
→ 2 Zweige Thymian

1. Die Paprika halbieren, weiße Trennwände und Kerne entfernen und die Hälften in kleine Würfel schneiden. Die Schalotten und den Knoblauch schälen und in feine Würfel schneiden.

2. Das Öl in einem kleinen Topf erhitzen und das Lupinenschrot darin ca. 1 Min. anrösten. Die Schalotten, den Knoblauch und die Paprika dazugeben und ca. 2 Min. andünsten. Das Tomaten-Paprika-Mark einrühren, die Brühe angießen und aufkochen. Alles zugedeckt bei kleiner Hitze 5–7 Min. köcheln lassen.

3. Die Paprikamischung in einem hohen Rührbecher mit dem Pürierstab mittelfein mixen. Mit Salz, Pfeffer, eventuell Chiliflocken und Essig abschmecken. Den Thymian abbrausen und trocken schütteln, die Blättchen abzupfen, grob hacken und unter die Paprikamasse mischen. Die Paste im Kühlschrank ca. 30 Min. ziehen lassen und noch einmal abschmecken.
Der Aufstrich schmeckt gut auf Lupinen-Chia-Brot (s. S. 22) oder Walnussbrot, aber auch zu Pellkartoffeln und gedünstetem Gemüse. Im Kühlschrank hält sich die Paste ca. 1 Woche.

Aprikosen-Aufstrich mit Marzipan

Sommersonne auf dem Frühstückstisch: Zur Feier des Tages haben wir saftige und wunderbar aromatische Aprikosen mit Marzipan und Lupinenmehl vermischt.

FÜR 2 GLÄSER À 250 ML
ZUBEREITUNGSZEIT: 25 MIN. |
KÜHLZEIT: 1 STD.
PRO PORTION (20 G): CA. 70 KCAL |
1 G E | 1 G F | 14 G KH

→ 500 g reife Aprikosen
→ 100 g Marzipanrohmasse
→ 25 g Lupinenmehl
→ 125 g Rohrohrzucker

1. Die Aprikosen in einer Schüssel mit kochendem Wasser übergießen und ca. 1 Min. ziehen lassen, dann abgießen und mit kaltem Wasser abschrecken. Die Aprikosen häuten, entsteinen, in grobe Stücke schneiden und in einem hohen Rührbecher mit dem Pürierstab fein mixen (ergibt ca. 400 g Aprikosenmark).

2. Die Marzipanrohmasse klein würfeln, mit dem Lupinenmehl und Zucker zum Aprikosenmark geben. Alles mit dem Pürierstab in etwa 3–4 Min. cremig mixen.

3. Die Masse sofort in heiß ausgespülte Schraubgläser füllen und diese verschließen. Den Aufstrich ca. 30 Min. abkühlen lassen, dann die Gläser in den Kühlschrank stellen. Der Aprikosen-Aufstrich hält sich im Kühlschrank 2–3 Wochen.

Farbaufstrich

Wer mag, kann den Aufstrich auch mit sommerlichen Beeren, z. B. Brombeeren, Johannisbeeren oder Himbeeren, zubereiten. In Gesellschaft von Marzipan zeigen sie sich dann von ihrer süßen Seite in Lila- und Rosatönen. Extravagant: Stachelbeeren und Kiwi verführen als Evergreens.

Crunchy Beeren-konfitüre

Beerenstark zum Frühstück: Der Aufstrich mit Erd- und Himbeeren, Vanille- und Zitronennoten versüßt den Morgen. Lupinen-Crunchy sorgt für guten Biss.

FÜR 2 GLÄSER À 275 ML
ZUBEREITUNGSZEIT: 30 MIN.
PRO PORTION (20 G): CA. 35 KCAL | 1 G E | 0 G F | 7 G KH

→ 50 g Lupinen-Crunchy (Fertigprodukt; ersatzweise Lupinenflocken
→ 250 g Erdbeeren
→ 250 g Himbeeren
→ 250 g Gelier-Rohrohrzucker 2:1
→ ½ Vanilleschote
→ ½ Bio-Zitrone

1. Das Lupinen-Crunchy in einer Pfanne bei mittlerer Hitze 4–5 Min. anrösten. Auf einem Teller abkühlen lassen.

2. Die Erdbeeren abbrausen und abtropfen lassen, putzen und klein schneiden. Die Himbeeren verlesen, abbrausen und trocken tupfen. Die Beeren in einem hohen Rührbecher mit dem Pürierstab grob mixen und durch ein feines Sieb streichen. Das Fruchtmark (ca. 370 g) mit dem Gelierzucker in einem Topf mischen.

3. Die Vanilleschote längs aufschneiden, das Mark herauskratzen und mit der Schote zu den Beeren geben. Die Zitrone heiß waschen und abtrocknen, die Schale fein abreiben und beiseitestellen. Den Zitronensaft auspressen und zu den Beeren geben. Die Fruchtmasse unter Rühren aufkochen und weitere 3–4 Min. unter Rühren kochen lassen. Die Vanilleschote entfernen. Die Zitronenschale und das Lupinen-Crunchy unterrühren.

4. Die Konfitüre sofort in heiß ausgespülte Schraubgläser füllen und diese verschließen. Die Gläser ca. 5 Min. auf den Deckel stellen. Dann umdrehen und abkühlen lassen. Die Beerenkonfitüre schmeckt super mit Frischkäse auf knusprigen Brötchen oder wird mit Quark und Sahne vermischt zu einer aromastarken Füllung für eine Biskuitrolle. An einem dunklen, kühlen Ort hält die Konfitüre etwa 1 Jahr.

Do it yourself

Selfmade Lupinendrink

Der erfrischende Drink lädt die Energie-Akkus wieder auf und ist ganz einfach zu machen: Man braucht nur Lupinenkerne und ein paar Gewürze.

FÜR 1 L

→ 100 g getrocknete Lupinenkerne
→ Meersalz
→ 3 ml Vanilleextrakt
→ 1 TL Agavensirup (nach Belieben)

1. Die Lupinenkerne in einem Sieb abbrausen, mit 1 l Wasser in ein hohes Gefäß geben und mindestens 12 Std. einweichen, dabei das Wasser ein- oder zweimal wechseln.

2. Dann die Kerne in ein Sieb abgießen, abtropfen lassen und mit 1 l frischem Wasser in den Standmixer oder Hochleistungsmixer geben (Bild 1). Die Lupinenkerne auf höchster Stufe 2–3 Min. fein mixen (Bild 2).

3. Ein Sieb mit einem Geschirrtuch auslegen und in eine Schüssel hängen. Das Lupinenpüree nach und nach in das Sieb geben und jeweils mit einem Löffel gut ausdrücken, sodass die Lupinenmilch in die Schüssel tropft. Oder das Lupinenpüree in einen Nussmilchbeutel (Bild 3; gibt's im Bioladen) füllen und ausdrücken.

4. Die Lupinenmilch mit 1 Prise Meersalz, dem Vanilleextrakt und dem Agavensirup (nach Belieben) in dem ausgespülten Mixer auf höchster Stufe kurz mixen. Die Lupinenmilch in eine Flasche oder ein Schraubglas füllen und verschließen. Sie hält sich im Kühlschrank 3–4 Tage.

Heidelbeer-Vanille-Smoothie

FÜR 2 GLÄSER À 300 ML
ZUBEREITUNGSZEIT: 10 MIN.
PRO PORTION: CA. 280 KCAL | 13 G E | 13 G F | 23 G KH

- 100 g Heidelbeeren (frisch oder TK)
- 1 EL getrocknete Soft-Cranberrys
- 2 Beutel Lupinen-Proteinshake-Pulver (à 18 g; Vanillegeschmack)
- 20 g Kakao-Nibs
- 1 TL Kokosöl
- 2 Stängel Minze
- 400 ml Mandeldrink
- 1 TL Zitronensaft
- Ahornsirup (nach Belieben)

1. Die Heidelbeeren waschen, abtropfen lassen und verlesen, tiefgekühlte Beeren antauen lassen. Heidelbeeren und Cranberrys, Proteinshake-Pulver, Kakao-Nibs und Kokosöl in einen hohen Rührbecher oder in den Standmixer geben. Die Minze abbrausen und trocken schütteln, die Blätter abzupfen (die Spitzen beiseitelegen) und zu den Beeren geben.

2. Die Hälfte des Mandeldrinks dazugießen und alles mit dem Pürierstab oder im Mixer zuerst auf kleiner, dann auf höchster Stufe fein pürieren.

3. Den restlichen Mandeldrink hinzufügen und kurz und kräftig untermixen. Den Smoothie mit dem Zitronensaft abschmecken und nach Belieben mit Ahornsirup süßen. In Gläser verteilen, mit den Minzespitzen garnieren und servieren.

Zum Löffeln

Einfach 100–150 ml weniger Mandeldrink nehmen und fertig ist die sämige Smoothie-Bowl. Besonders cool und cremig wird das Ganze mit TK-Heidelbeeren.

Kokos-Bananen-Smoothie

FÜR 2 GLÄSER À 300 ML
ZUBEREITUNGSZEIT: 10 MIN. |
GEFRIERZEIT: MIND. 3 STD.
PRO PORTION: CA. 245 KCAL |
12 G E | 2 G F | 40 G KH

- 2 Bananen
- 1 Dattel
- 2 Orangen (davon 1 Bio-Orange)
- 2 Beutel Lupinen-Proteinshake-Pulver (à 18 g; Kokosgeschmack)
- 200 ml Kokosdrink
- 1–2 TL Limettensaft

1. Am Vortag die Bananen schälen, in Stücke schneiden und in einem Gefrierbeutel mindestens 3 Std. oder über Nacht ins Tiefkühlfach legen.

2. Am nächsten Tag die Bananen in einen hohen Rührbecher oder in den Standmixer geben (je nach Leistungsstärke des Mixers die Bananen vorher etwas antauen lassen). Die Dattel entkernen und klein schneiden.

3. Die Bio-Orange heiß waschen, abtrocknen und 1 TL Schale abreiben. Die Orange halbieren, zwei Spalten abschneiden und beiseitelegen. Den Saft aus beiden Orangen auspressen. Dattel, Orangenschale, -saft, Proteinshake-Pulver und die Hälfte des Kokosdrinks mit den Bananen fein mixen.

4. Den restlichen Kokosdrink hinzufügen und kurz und kräftig untermixen. Den Shake mit Limettensaft abschmecken und in Gläser oder Glasflaschen verteilen. Die Orangenspalten jeweils bis zur Mitte einschneiden, an den Glasrand stecken und die Smoothies nach Belieben mit einem Trinkhalm servieren.

Icy

Cool down: Die Bananen nicht tiefkühlen, dafür 100 g Crushed Ice zum Mixen hinzufügen. Ein Hochleistungsmixer schafft natürlich auch ganze Eiswürfel.

Eiweiß-Power für jeden Tag

Ob eingelegt oder getrocknet – Lupinenkerne geben dir den Extrakick Eiweiß. Sie schmecken pur im Salat und sind geröstet eine crunchy Protein-Alternative zu Chips. Fein püriert entstehen daraus pfiffige Dips, Smoothies und Suppen. Oder du greifst zu Lupinenschrot – es ersetzt in Bolognese-Saucen das Hackfleisch. Lupinenkerne gibt es auch gemahlen. Das dottergelbe Mehl sorgt in Teigen für Bindung und Farbe – eine geniale Ei-Alternative!

Frisch gestrichen!

Und was kommt auf das Brot, das wir uns aus Lupinenmehl backen? Richtig, ein toller Lupinenaufstrich, zwanglos vegan und jeden Tag in einer neuen Geschmacksvariante: von Kräutern über Tomate, Chili und Knoblauch bis hin zu Curry – da hat die Langeweile keine Chance!

All about Lupine

EIWEISS MACHT FIT, SCHLANK UND LANGE SATT. ALSO IMMER HER DAMIT! ES MUSS JA NICHT UNBEDINGT TIERISCHES EIWEISS SEIN. LUPINENEIWEISS IST WERTVOLL, SCHMECKT GUT, UND DU KANNST ES IN FORM VON KERNEN, MEHL, SCHROT ODER DRINKS EINSETZEN.

Lupine inklusive

Lupinenmehl ist nicht nur zum Backen da. Wie wär's mal mit Lupinennudeln? Anlässe für eine Protein-Pasta-Party gibt's jeden Tag.

Du bist eine Naschkatze? Mit leckeren Joghurt-Alternativen, Puddings, Desserts oder Eis aus der Lupine sorgst du genussvoll für die Extraportion Eiweiß – ganz ohne schlechtes Gewissen.

Drink & Shake

Wusstest Du, dass nach deutschem Lebensmittelrecht nur Kuhmilch als Milch bezeichnet werden darf? Ist uns egal, dann genießen wir eben einen leckeren Lupinendrink, der schmeckt wie Milch, ist aber pflanzlich und völlig laktosefrei.

Shake it, Baby! Den Lupinendrink kannst du nach Lust und Laune mit Gewürzen, Obst oder Gemüse aufmixen, fertig ist der Lupinenshake. Das geht fix, funktioniert aber auch mit jeder anderen Flüssigkeit, etwa mit Kokosmilch oder Mandeldrink. Für den extra Eiweißkick gibst du Proteinshake-Pulver mit dem Aroma deiner Wahl dazu. Das Power-Pulver peppt auch Kuchen, Desserts und Puddings auf.

No Need for Meat

Du hast es nicht so mit Süßem, Tofu ist auch nicht dein Ding, du willst aber trotzdem hochwertiges veganes Eiweiß zu dir nehmen? Kein Problem, es gibt richtig gute Filets, Würstchen, Burger und sogar Geschnetzeltes aus der Lupine. Das rockt Grill und Pfanne!

Coffee Time

Kaffee wird immer aus Kaffeebohnen gemacht? Genau, und die Erde ist eine Scheibe! Probier doch mal Lupinen-Kaffee. Er schmeckt wunderbar rund, ist koffeinfrei und gut verträglich, weil Lupinensamen für dieses Kaffeepulver bei niedrigen Temperaturen schonend geröstet wurden.

Gurken-Wasabi-Lassi

Schon allein die Farbe tut gut – der Mix aus Apfel, Gurke, Basilikum und Lupinenjoghurt ist pure Gesundheit! Wasabi gibt den Schärfe-Kick.

FÜR 2 GLÄSER (À 300 ML)
ZUBEREITUNGSZEIT: 20 MIN.
PRO PORTION: CA. 150 KCAL | 2 G E | 6 G F | 21 G KH

- → 300 g Salatgurke
- → 1 Apfel (z.B. Elstar, Granny Smith)
- → 1 Bio-Limette
- → 4 Stängel Basilikum
- → 1 EL Agavendicksaft
- → 150 g Lupinen-Joghurtalternative
- → 100 ml eiskaltes Mineralwasser
- → 1–2 TL Wasabipaste | Salz

1. Die Gurke waschen und quer halbieren, vier dünne Scheiben abschneiden und beiseitelegen. Eine Hälfte der Gurke schälen und beide Hälften in grobe Stücke schneiden. Den Apfel vierteln, schälen, das Kerngehäuse entfernen und die Viertel in grobe Stücke schneiden. Die Limette heiß waschen, abtrocknen, die Schale fein abreiben und den Saft auspressen. Das Basilikum abbrausen, trocken schütteln und die Blätter abzupfen.

2. Die Gurkenstücke, Apfel, Limettenschale und -saft, Basilikum, Agavendicksaft, Lupinen-Joghurt und Mineralwasser mit dem Pürierstab oder im Standmixer fein pürieren.

3. Die Wasabipaste kurz untermixen, mit 1 Prise Salz würzen und das Lassi in zwei große Gläser verteilen. Mit Basilikum garnieren und je 2 Gurkenscheiben an den Glasrand stecken.

Quick & Healthy

Ein Lassi ist ideal, wenn man sich schnell was Gutes tun will. Frisch schmeckt er am besten. Wenn er länger im Kühlschrank steht, verliert er an Farbe und Vitalstoffen.

Zitronengras-Mango-Lassi

Lassi schlürfen, von den Tropen träumen: Der frische Drink aus Lupinenjoghurt, Mango, Ingwer und Limette macht glücklich und verbreitet rundum gute Laune.

FÜR 2 GLÄSER (À 300 ML)
ZUBEREITUNGSZEIT: 15 MIN.
PRO PORTION: CA. 180 KCAL | 2 G E | 4 G F | 33 G KH

→ 1 Mango (ca. 400 g)
→ 1 Stück Ingwer (ca. 10 g)
→ 1 Stängel Zitronengras
→ 100 g Lupinen-Joghurtalternative
→ 2 ½ EL Lupinen-Crunchy (Fertigprodukt; ersatzweise Lupinenflocken)
→ 2 EL Limettensaft
→ 2 TL Agavendicksaft (nach Belieben)
→ 200 ml Mineralwasser mit Kohlensäure
→ 50 g Eiswürfel (ersatzweise Crushed Ice)
→ 4 Zitronenmelisseblätter

1. Die Mango schälen, das Fruchtfleisch vom Stein schneiden und grob würfeln. Den Ingwer schälen und fein reiben. Das Zitronengras putzen und von den trockenen Hüllblättern befreien, die unteren 7 cm in feine Scheiben schneiden.

2. Die Mango, den Ingwer, das Zitronengras und den Joghurt in den Standmixer oder einen hohen Rührbecher geben. 2 EL Lupinen-Crunchy, den Limettensaft, Agavendicksaft nach Belieben, das Mineralwasser und die Eiswürfel (nur im Hochleistungsmixer verwenden, ansonsten Crushed Ice nehmen!) dazugeben und alles mit dem Pürierstab oder im Standmixer fein pürieren.

3. Das Lassi in zwei große Gläser füllen, mit dem übrigen Lupinen-Crunchy bestreuen und mit je 2 Zitronenmelisseblättern garnieren. Mit einem dicken Trinkhalm servieren. Zum Mitnehmen den Drink in einen verschließbaren Trinkbehälter oder ein Schraubglas füllen.

Green Lupi-Smoothie-Bowl

Cremig-feines Löffelvergnügen: Spinat, Mango, Banane und Kokosmilch sorgen für Vitalität. Ein Flocken-Mix und Lupineneiweiß pushen mit viel Energie.

FÜR 2 PERSONEN
ZUBEREITUNGSZEIT: 20 MIN.
PRO PORTION: CA. 730 KCAL | 30 G E | 34 G F | 68 G KH

→ je 2 EL Dinkel-, Reis- und Lupinenflocken
→ 200 ml Kokosmilch
→ 1 Mango (ca. 300 g)
→ 1 Banane
→ 80 g Baby-Spinat
→ 2 Beutel Lupinen-Proteinshake-Pulver (à 18 g; Vanillegeschmack)
→ 2–3 EL Limettensaft
→ 100 g Himbeeren
→ 2 EL zarte Haferflocken
→ 2 TL Chia-Samen
→ 2 EL Kokos-Chips

1. Die Flocken mit der Hälfte der Kokosmilch in einer Schüssel verrühren und quellen lassen. Die Mango schälen, das Fruchtfleisch vom Stein und die Hälfte davon klein schneiden. Die Banane schälen und in Stücke schneiden. Den Spinat waschen, abtropfen lassen und verlesen.

2. Bananen- und Mangostücke, Spinat, Proteinshake-Pulver, Limettensaft, Flockenmischung und die restliche Kokosmilch im Standmixer oder in einem hohen Rührbecher mit dem Pürierstab cremig mixen. Die Smoothie-Bowl auf zwei Schalen verteilen.

3. Die Himbeeren verlesen, abbrausen und trocken tupfen. Die restliche Mango in dünne Spalten schneiden. Himbeeren und Mango auf den Smoothie-Bowls verteilen. Die Haferflocken, Chia-Samen und Kokos-Chips darüberstreuen. Alternativ kann man auch Knusper-Lupinen-Granola (s. S. 13) darübergeben.

To Go

Smoothie-Bowl to go? Einfach in ein Schraubglas oder in eine Kunststoffbox füllen, mit Früchten, Kernen und Kokos-Chips garnieren und gut verschließen.

»Say yes to new adventures!«
VERFASSER UNBEKANNT

Gemüsesticks mit scharfem Lupinendip

FÜR 2 PERSONEN
ZUBEREITUNGSZEIT: 15 MIN.
PRO PORTION: CA. 180 KCAL | 7 G E | 10 G F | 13 G KH

FÜR DEN DIP:
- 60 g Lupinenkerne (Glas)
- 1 kleine Knoblauchzehe
- 2–3 EL Orangensaft
- 1 EL Zitronensaft
- 1 EL Olivenöl
- 1 TL Harissa (scharfe Würzpaste)
- 150 g Lupinen-Joghurtalternative (ersatzweise Sojaghurt)
- Salz
- Pfeffer
- 3 Stängel Petersilie
- 4 Minzeblätter

FÜR DIE STICKS:
- 1 Möhre
- 1 Stange Staudensellerie
- 1 Minigurke
- 1 rote Spitzpaprika

1. Für den Dip die Lupinenkerne in einem Sieb abbrausen und abtropfen lassen. Den Knoblauch schälen und in feine Würfel schneiden. Lupinenkerne, Knoblauch, Orangen- und Zitronensaft, Öl und Harissa in einem hohen Rührbecher mit dem Pürierstab mixen.

2. Das Lupinenpüree mit dem Joghurt vermengen, mit Salz und Pfeffer würzen. Die Petersilie und Minze abbrausen und trocken schütteln, die Petersilienblätter abzupfen und mit den Minzeblättern fein schneiden. Die Kräuter unter den Lupinen-Dip mischen.

3. Für die Sticks die Möhre putzen, schälen und längs vierteln oder achteln. Den Sellerie putzen, waschen und in 10–15 cm lange Stücke schneiden. Die Gurke putzen, waschen und zuerst längs in fingerdicke Scheiben, dann in ebenso dicke Streifen schneiden. Die Spitzpaprika halbieren, weiße Trennwände und Kerne entfernen, die Hälften längs in fingerdicke Streifen schneiden. Die Gemüsesticks mit dem Lupinendip servieren. Dazu passt Pita- oder Fladenbrot.

Pikante Gewürz-Lupinen

FÜR 4 PORTIONEN (CA. 200 G)
ZUBEREITUNGSZEIT: 1 STD. |
EINWEICHZEIT: MIND. 12 STD.
PRO PORTION (50 G): CA. 150 KCAL |
15 G E | 5 G F | 5 G KH

- → 150 g getrocknete Lupinenkerne
- → 1 TL gemahlener Kreuzkümmel
- → 1 TL Currypulver
- → ½ TL Cayennepfeffer
- → 1 EL Olivenöl

1. Die Lupinenkerne in einer Schüssel in reichlich Wasser über Nacht (mindestens 12 Std.) einweichen.

2. Am nächsten Tag die Lupinenkerne abgießen und mit frischem Wasser bedeckt ca. 20 Min. kochen. Den Backofen auf 190° vorheizen. Die Lupinenkerne in ein Sieb abgießen und abtropfen lassen. Die Kerne auf einem Geschirrtuch trocknen lassen.

3. In einer Schüssel die Gewürze mit dem Olivenöl verquirlen. Die Lupinenkerne mit dem Würzöl mischen und auf einem mit Backpapier belegten Blech verteilen. Die Kerne im Ofen (Mitte) in ca. 30 Min. hellbraun rösten. Dann aus dem Ofen nehmen und abkühlen lassen. Die Gewürz-Lupinen halten sich in einem verschlossenen Glas 2–3 Wochen.

Red Sprinkles

Jetzt bekommen Salz und Pfeffer Konkurrenz! Die gerösteten Gewürz-Lupinen im Blitzhacker grob oder fein mixen und als Sprinkles auf Gemüsepfannen, gebratene Kartoffeln und gebackene Eier streuen. Auch auf Salaten, in Frischkäse, Saucen, Dips und Marinaden sind sie der Hit.

Sommerrollen mit Rohkost und Lupine

FÜR 2 PERSONEN
ZUBEREITUNGSZEIT: 45 MIN.
PRO PORTION: CA. 565 KCAL | 32 G E | 26 G F | 49 G KH

FÜR DEN DIP:

→ 1 kleine rote Chilischote
→ 1 Knoblauchzehe
→ ½ EL Öl
→ 1 EL cremige Erdnussbutter
→ 4 EL Hoisinsauce (Asienladen)

FÜR DIE ROLLEN:

→ 2 Lupinenfilets (200 g)
→ 1 EL Öl
→ 1 rote Spitzpaprika (ca. 80 g)
→ 100 g Ananasfruchtfleisch (ohne Schale)
→ 1 Frühlingszwiebel
→ 1 Römersalatherz (ca. 100 g)
→ 30 g Sprossen (z.B. Linsen-, Erbsen-, Alfalfasprossen)
→ 6 Stängel Koriandergrün
→ 3 Stängel Minze
→ 6 große Blätter Reispapier (22 cm ∅)
→ 3 EL süß-scharfe Chilisauce

1. Für den Dip die Chilischote halbieren, Kerne entfernen, die Hälften waschen und fein würfeln. Den Knoblauch schälen und ebenfalls fein würfeln. In einem kleinen Topf das Öl erhitzen, Chili und Knoblauch darin 1–2 Min. anbraten. 6 EL Wasser, Erdnussbutter und Hoisinsauce einrühren, aufkochen und ca. 1 Min. köcheln lassen. Den Erdnussdip abkühlen lassen.

2. Für die Rollen die Lupinenfilets trocken tupfen und in schmale Streifen schneiden. Das Öl in einer Pfanne erhitzen, die Lupinenfilets darin bei mittlerer bis starker Hitze 2–3 Min. unter Wenden braten und vom Herd nehmen. Die Spitzpaprika halbieren, weiße Trennwände und Kerne entfernen, die Hälften in feine Streifen schneiden. Das Ananasfruchtfleisch in 0,5 × 4 cm große Stifte schneiden.

3. Die Frühlingszwiebel putzen und waschen, den weißen und hellgrünen Teil in dünne Ringe schneiden. Den Römersalat putzen, waschen und trocken schütteln, halbieren und den Strunk herausschneiden. Die Hälften in ca. 1 cm breite Streifen schneiden. Die Sprossen in einem Sieb abbrausen und abtropfen lassen. Die Kräuter abbrausen, trocken schütteln und die Blätter abzupfen.

4. Die Reispapierblätter nacheinander 1–2 Min. in kaltes Wasser legen. Dann jeweils auf ein feuchtes Geschirrtuch legen und etwas Salat, Paprika, Ananas, Frühlingszwiebel und Sprossen in der Mitte des unteren Drittels verteilen. Mit einigen Lupinenstreifen, Koriander- und Minzeblättern belegen und mit ½ EL Chilisauce beträufeln. Die Seiten der Reispapierblätter über die Füllung klappen, dann alles fest von unten nach oben aufrollen. Die restlichen Reispapierblätter ebenso einweichen, füllen und aufrollen. Die Sommerrollen mit dem Erdnussdip servieren.

Iss Dich in Form

Lupinen-Rösti mit Meerrettich-Sour-Cream

FÜR 2 PERSONEN
ZUBEREITUNGSZEIT: 30 MIN.
PRO PORTION: CA. 595 KCAL | 33 G E | 39 G F | 27 G KH

FÜR DIE RÖSTI:

- → 150 g mehlig- oder vorwiegend festkochende Kartoffeln
- → 1 kleiner Zucchino (ca. 150 g)
- → 1 Möhre (ca. 100 g)
- → 2 Lupinenfilets (200 g)
- → 30 g Lupinenmehl
- → 1 EL Pfeilwurzelstärke
- → Salz
- → Pfeffer
- → 4–6 EL Olivenöl

FÜR DIE SOUR CREAM:

- → 100 g Lupinen-Joghurtalternative (ersatzweise Sojaghurt)
- → 2 EL aufschlagbare Sojacreme (ersatzweise Hafercreme)
- → 1 EL Zitronensaft
- → 2 TL geriebener Meerrettich (Glas)
- → 3 Stängel Petersilie
- → Salz
- → Pfeffer

1. Für die Rösti die Kartoffeln schälen, waschen und fein reiben. Den Zucchino putzen, waschen und grob reiben. Die Möhre putzen, schälen und ebenfalls grob reiben. Die Lupinenfilets grob reiben.

2. Kartoffeln, Zucchino, Möhre und Lupinenfilets in einer Schüssel mit dem Lupinenmehl und der Pfeilwurzelstärke gründlich mischen. Dann die Rösti-Mischung mit wenig Salz und Pfeffer würzen und ca. 10 Min. ruhen lassen.

3. Inzwischen für die Sour Cream den Lupinen-Joghurt mit der Sojacreme, Zitronensaft und Meerrettich in einer Schüssel glatt rühren. Die Petersilie abbrausen und trocken schütteln, die Blätter abzupfen, fein schneiden und unter den Dip mischen. Mit Salz und Pfeffer würzen.

4. Den Backofen auf 80° vorheizen. Etwas Öl in einer großen beschichteten Pfanne erhitzen. Die Rösti-Mischung esslöffelweise in der Pfanne verteilen, leicht flach drücken und bei mittlerer bis großer Hitze auf jeder Seite 3–4 Min. knusprig braten. Die Rösti herausnehmen, auf Küchenpapier abtropfen lassen und auf einem Teller im Ofen warm halten. Aus der übrigen Masse auf die gleiche Weise weitere Rösti braten.

5. Die Rösti auf vorgewärmten Tellern anrichten und mit je einem Klecks Meerrettich-Sour-Cream garnieren.

After-Work-Snack

Lupinen-Falafeln mit Tahinsauce

FÜR 2 PERSONEN
ZUBEREITUNGSZEIT: 45 MIN. | EINWEICHZEIT: 12 STD. | RUHEZEIT: 1 STD.
PRO PORTION: CA. 555 KCAL | 23 G E | 35 G F | 36 G KH

FÜR DIE FALAFELN:
→ 50 g getrocknete Lupinenkerne
→ 50 g getrocknete Kichererbsen
→ 1 kleine Zwiebel
→ 1 Knoblauchzehe
→ ½ rote Chilischote
→ ½ Bund Petersilie
→ ½ TL gemahlener Kreuzkümmel
→ ½ TL gemahlene Korianderkörner
→ Salz | Pfeffer
→ ½ TL Weinstein-Backpulver
→ 1 EL Lupinenmehl
→ 1 l Öl zum Frittieren

FÜR DIE TAHINSAUCE:
→ 150 g Lupinen-Joghurtalternative (ersatzweise Sojaghurt)
→ 1 EL Tahin (Sesampaste)
→ Salz

FÜR DEN FELDSALAT:
→ ½ Granatapfel
→ 1 EL Granatapfelsirup (ersatzweise Dattelsirup)
→ Salz | Pfeffer
→ 2 EL Olivenöl
→ 80 g Feldsalat
→ 1 Minigurke

1. Am Vortag für die Falafeln Lupinenkerne und Kichererbsen zusammen in eine Schüssel geben und in reichlich Wasser mindestens 12 Std. einweichen.

2. Am Zubereitungstag die Hülsenfrüchte in einem Sieb abbrausen und abtropfen lassen. Die Zwiebel und den Knoblauch schälen und in feine Würfel schneiden. Die Chilischote halbieren, Kerne entfernen, die Hälften waschen und in feine Würfel schneiden. Die Petersilie abbrausen und trocken schütteln, die Blätter abzupfen und grob schneiden. Hülsenfrüchte, Zwiebel, Knoblauch, Chili, Petersilie, Gewürze und ½ TL Salz im Blitzhacker fein mixen. Das Backpulver mit 1–2 EL Wasser verrühren, mit dem Lupinenmehl unter die Falafelmasse mischen und ca. 1 Std. ruhen lassen.

3. Inzwischen für die Tahinsauce Joghurt und Tahin verrühren und leicht salzen. Für den Feldsalat den Granatapfel auf einer Zitruspresse auspressen, die Kerne dabei auffangen. Granatapfelsaft, -sirup, Salz, Pfeffer und Olivenöl zu einem Dressing verrühren. Den Feldsalat putzen, waschen und trocken schleudern. Die Gurke putzen, waschen und in kleine Würfel schneiden.

4. In einem breiten, hohen Topf das Öl zum Frittieren auf 180° erhitzen – es ist heiß genug, wenn an einem Holzstäbchen, das man hineinhält, Bläschen aufsteigen. Aus der Falafelmasse mit einem Eisportionierer Bällchen (3–4 cm ∅) formen und im Öl zuerst bei mittlerer, dann bei kleiner Hitze in 10–15 Min. goldbraun frittieren. Mit einem Schaumlöffel herausheben und auf Küchenpapier abtropfen lassen.

5. Den Feldsalat, die Gurke und die Granatapfelkerne unter das Dressing mischen und den Salat mit den Falafeln und der Tahinsauce anrichten.

Oriental Feelings

Lupinen-Facts

Die Lupine wurde früher Wolfsbohne genannt. Der Name verweist auf die behaarten Schoten, in denen die Samen reifen. Mit etwas Fantasie erinnern sie an einen Wolfspelz.

DAMIT DU WEISST, MIT WEM DU ES ZU TUN HAST: LUPINEN SIND ENORM VIELSEITIG UND ALTBEWÄHRT, SIE WAREN NUR ETWAS IN VERGESSENHEIT GERATEN.

Der von Natur aus koffeinfreie Lupinenkaffee hat eine lange Tradition. Die Lupinensamen werden wie Kaffeebohnen geröstet, gemahlen und anschließend aufgebrüht.

Es gibt ein paar hundert Lupinensorten. Sie blühen in Weiß, Rosa, Lachs, Pink, Lila, Hellblau, Dunkelblau und Gelb. Es gibt sogar Sorten, die mehrfarbig blühen. Für unsere Ernährung ist aber nur die bitterstoffarme Süßlupine interessant. Sie wird in weiß, gelb oder blau blühenden Sorten angebaut.

Die Lupine gehört zur großen Familie der Körnerleguminosen. Sie ist deshalb mit Bohnen, Erbsen, Kichererbsen und Erdnüssen verwandt.

Deutschland ist in Europa die Nummer eins beim Lupinenanbau. Besonders gut gedeihen die anspruchslosen Pflanzen auf den sandigen Böden Mecklenburg-Vorpommerns. Weltweit ist Australien der größte Lupinenproduzent.

Die Lupine ist eine uralte Kulturpflanze. Funde in Gräbern zeigen, dass sie bereits im alten Ägypten geschätzt wurde. Auch in Südamerika kennt man sie schon lange, ihr Anbau ist seit etwa 800 v. Chr. nachgewiesen.

Eingelegte Lupinensamen (italienisch: Lupini, portugiesisch: Tremoços, spanisch: Altramuces) sind in den Mittelmeerländern ein beliebter Snack. Sie werden in Bars zu einem Glas Bier gereicht.

Spargel-Erdbeer-Salat mit Lupinenfilet

FÜR 2 PERSONEN
ZUBEREITUNGSZEIT: 45 MIN.
PRO PORTION: CA. 545 KCAL | 31 G E | 38 G F | 18 G KH

- → 2 Lupinenfilets (200 g)
- → 1 EL Thymianblätter
- → 4 EL Olivenöl
- → Salz
- → Pfeffer
- → ½ EL flüssiger Akazienhonig
- → 500 g weißer Spargel
- → Piment d'Espelette
- → 2–3 EL Aceto balsamico bianco
- → 1 EL Pinienkerne
- → 125 g Erdbeeren
- → 80 g Baby-Spinat
- → 3 Stängel Basilikum

1. Die Lupinenfilets trocken tupfen und in Scheiben schneiden. Die Thymianblätter hacken, mit 2 EL Öl, Salz, Pfeffer und Honig in einer Schale verrühren. Die Lupinenfilets mit der Marinade mischen und ca. 15 Min. ziehen lassen, dabei nach der Hälfte der Zeit wenden.

2. Inzwischen den Spargel schälen und die Enden abschneiden. Den Spargel schräg in ca. 4 cm große Stücke schneiden, die Spargelköpfe beiseitelegen. In einer Pfanne 1½ EL Öl erhitzen. Die Spargelstücke darin bei mittlerer Hitze unter gelegentlichem Wenden in 8–10 Min. bissfest braten, dabei leicht mit Salz und Piment d'Espelette würzen und nach der Hälfte der Bratzeit die Spargelköpfe mitbraten. Den Essig angießen, die Pfanne vom Herd nehmen und den Spargel lauwarm abkühlen lassen.

3. Die Pinienkerne in einer Pfanne ohne Fett goldbraun rösten und auf einem Teller abkühlen lassen. Die Erdbeeren abbrausen, putzen und vierteln. Den Spinat waschen, abtropfen lassen, verlesen und grobe Stiele entfernen. Das Basilikum waschen, trocken schütteln, die Blätter abzupfen und grob schneiden. Erdbeeren, Spinat und Basilikum unter den Spargel mischen, mit dem übrigen Öl, Salz und Piment d'Espelette abschmecken.

4. Die Lupinenfiletscheiben abtropfen lassen. Eine beschichtete Pfanne erhitzen und die Filets darin zuerst bei großer, dann bei mittlerer Hitze unter Wenden in 2–3 Min. goldbraun braten. Den Salat auf Teller verteilen und die Lupinenfilets darauf anrichten. Mit den Pinienkernen bestreuen und sofort servieren. Dazu passt geröstetes Baguette mit Knoblauchbutter.

Healthy Classic

Auberginen-Lupinen-Salat

FÜR 2 PERSONEN
ZUBEREITUNGSZEIT: 45 MIN. |
EINWEICHZEIT: MIND. 12 STD. |
GARZEIT: 2 STD.
PRO PORTION: CA. 590 KCAL |
25 G E | 39 G F | 32 G KH

- 90 g getrocknete Lupinenkerne
- 1 Aubergine
- 1 Knoblauchzehe
- 5 EL Olivenöl
- ¼ TL gemahlener Kreuzkümmel
- Salz
- Pfeffer
- 1 EL Sesam
- 150 g griechischer Joghurt (10 % Fett)
- 2 EL Zitronensaft
- 1 EL Granatapfelsirup (ersatzweise Dattelsirup)
- 2 Möhren
- 1 rote Zwiebel
- 6 getrocknete Datteln
- ½ Bund Koriandergrün
- Chiliflocken zum Bestreuen

1. Am Vortag die Lupinenkerne mit reichlich Wasser in einer Schüssel und Nacht (mindestens 12 Std.) einweichen.

2. Am nächsten Tag die Lupinen in einem Sieb abbrausen, in einem Topf mit frischem Wasser bedecken, aufkochen und in 1 ½–2 Std. gar kochen.

3. Etwa 45 Min. vor Ende der Lupinengarzeit den Backofen auf 200° vorheizen. Die Aubergine putzen, waschen und in ca. 2 cm große Würfel schneiden. Den Knoblauch schälen, in feine Würfel schneiden und in einer Schüssel mit 3 EL Öl, Kreuzkümmel, Salz und Pfeffer verrühren. Die Aubergine mit dem Gewürzöl mischen und auf einem mit Backpapier belegten Blech verteilen. Die Aubergine im Ofen (unten) 20–25 Min. garen, dabei zwischendurch wenden.

4. Inzwischen den Sesam in einer kleinen Pfanne ohne Fett hellbraun rösten und beiseitestellen. Den Joghurt mit 3 EL Wasser, Zitronensaft, Sirup und dem übrigen Öl verrühren. Die Möhren putzen, schälen und in feine Scheiben schneiden. Die Zwiebel schälen, halbieren und in feine Streifen schneiden. Die Datteln entkernen und ebenfalls in feine Streifen schneiden.

5. Die Lupinenkerne in ein Sieb abgießen und abtropfen lassen. Dann in einer Schüssel mit den Auberginen, Möhren, Zwiebeln und Datteln mischen. Mit Salz und Pfeffer kräftig würzen.

6. Den Lupinensalat auf Schälchen verteilen und mit der Joghurtsauce beträufeln. Den Koriander abbrausen, trocken schütteln, die Blätter abzupfen und auf den Salat streuen. Mit Sesam und Chiliflocken bestreuen. Dazu passt Fladenbrot.

Traum aus 1001 Nacht

Do it yourself

Lupi-Sprouts homemade

Knackig-frische Lupinenkeimlinge können mit wenig Aufwand gezogen werden und geben Salat, Eintopf oder Gemüse einen süßlich-nussigen Aroma-Kick.

FÜR 150 G

→ 50 g getrocknete Lupinenkerne
→ 1 Keimglas

1. Die Lupinenkerne in einem Sieb abbrausen (Bild 1). Die Samen in ein Keimglas füllen – es sollte höchstens bis zu einem Viertel gefüllt sein – und mit der dreifachen Menge kaltem Wasser aufgießen. Die Samen mindestens 12 Std. (am besten über Nacht) quellen lassen.

2. Die Samen in einem Sieb mit Wasser abbrausen, in das Keimglas füllen und gut abtropfen lassen. Die Samen bei Zimmertemperatur an einem hellen, aber nicht zu sonnigen Ort keimen lassen und zwei- bis dreimal pro Tag mit kaltem Wasser spülen (Bild 2). Die Keimlinge im Glas ab und zu behutsam durchschütteln.

3. Die Keimlinge sind nach 3–5 Tagen erntereif (Bild 3). Noch einmal kalt abspülen und bald verbrauchen. In einem Plastikbeutel bleiben sie im Kühlschrank etwa 3–4 Tage frisch.

4. Bevor man die Keimlinge verwendet, gibt man sie in ein Sieb und hängt sie darin 2–3 Min. in kochendes Wasser. Dann kalt abschrecken und abtropfen lassen.

Maki-Sushi mit Lupinenfilet

FÜR 2 PERSONEN (24 STÜCK)
ZUBEREITUNGSZEIT: 30 MIN.
PRO PORTION: CA. 330 KCAL | 15 G E | 7 G F | 48 G KH

FÜR DIE SUSHI:

- 50 g Lupinenfilet
- ½ Minigurke (ca. 50 g)
- 1 kleine Möhre
- 1 EL Lupinen-Crunchy
- 2 EL Sake (Reiswein)
- ¼ TL Rohrzucker
- Salz
- 2 Kopfsalatblätter
- 2 Nori-Blätter
- ½ Rezept Sushi-Reis (siehe Tipp)

AUSSERDEM:

- Bambusrollmatte
- 6 EL Sojasauce
- 4 TL Wasabipaste
- 80 g eingelegter Ingwer

Super Sushi-Reis

125 g Sushireis abbrausen und mit 150 ml Wasser 2 Min. kochen. Dann zugedeckt bei kleiner Hitze 10 Min. quellen und offen 10 Min. abkühlen lassen. 1 EL Reisessig, 1 EL Rohrzucker und ½ TL Salz aufkochen und abkühlen lassen. Den Reis mit der Essig-Mischung beträufeln und unterheben.

1. Das Lupinenfilet in feine Streifen schneiden. Die Gurke schälen, längs halbieren und entkernen. Die Möhre putzen und schälen. Beide Gemüse längs in ca. ½ cm dicke Streifen schneiden. Das Lupinen-Crunchy in einer Pfanne ohne Fett goldbraun anrösten und abkühlen lassen.

2. In einer Pfanne den Sake mit 1 EL Wasser, Zucker und Salz aufkochen. Das Lupinenfilet und die Möhre darin zugedeckt ca. 1 Min. dünsten. Vom Herd nehmen, die Gurke dazugeben und die Mischung abkühlen lassen. Den Salat putzen, waschen, trocken schütteln und grob zerzupfen.

3. Die Nori-Blätter mit einer Schere längs halbieren. Eine Hälfte quer mit der glänzenden Seite nach unten auf eine Bambus-Rollmatte legen. Mit nassen Händen ein Viertel des Reises auf dem Nori-Blatt verteilen, dabei oben und unten einen 1 cm breiten Rand frei lassen. Jeweils ein Viertel des Salats und der Lupinenfilet-Gemüse-Mischung mittig auf dem Reis verteilen. Mit Lupinen-Crunchy bestreuen.

4. Den Nori-Blattrand mit etwas Wasser bestreichen. Die Bambusmatte anheben, das Nori-Blatt damit von der unteren Längsseite her über die Füllung schlagen und fest aufrollen. Den oberen Rand leicht andrücken und die Matte entfernen. Die übrigen Rollen genauso zubereiten.

5. Die Rollen in jeweils 6 gleich große Stücke schneiden. Die Sushi-Röllchen mit der Schnittfläche nach oben anrichten. Sojasauce und Wasabipaste zum Dippen und eingelegten Ingwer dazu reichen.

Deliciously raw

Superfood Lupine

LUPINENSAMEN HABEN'S IN SICH. DASS SIE EIWEISS IN RAUEN MENGEN LIEFERN, WISSEN FLEISCHLOSE GENIESSER LÄNGST. DOCH LUPINEN HABEN NOCH WEITERE PLUSPUNKTE.

Die großen Drei

Die drei wichtigsten Nahrungsbestandteile Eiweiß, Kohlenhydrate und Fett nennt man Makronährstoffe. Sie liefern dem Körper Energie und dienen als Bausubstanz für seine Bestandteile wie Muskeln, Organe, Haut, Knochen. In Lupinensamen sind alle Makronährstoffe in sehr günstiger Kombination vereint. Lupinen enthalten bis zu 40 Prozent Eiweiß, das obendrein sehr hochwertig ist: Lupineneiweiß liefert alle essenziellen Aminosäuren, also Eiweißbausteine, die für den menschlichen Organismus lebensnotwendig sind, die der Körper jedoch nicht selbst herstellen kann. Der Nährstoff Fett liegt in Lupinen in Form von einfach und mehrfach ungesättigten Fettsäuren vor. Diese halten unsere Gefäße gesund. Ein weiteres Plus: Der Gehalt an direkt verwertbaren Kohlenhydraten ist in Lupinensamen relativ niedrig.

Mikro-Power

Überlebensnotwendig für unseren Körper sind neben den Makro- auch die Mikronährstoffe, also Vitamine, Mineralstoffe und Spurenelemente. Nur mit ihrer Hilfe können in unserem Körper die Makronährstoffe verwertet werden und zahlreiche Stoffwechselvorgänge reibungslos ablaufen. Lupinen enthalten die Mineralstoffe Kalium, Natrium, Kalzium, Magnesium und Phosphor, dazu kommen die Spurenelemente Mangan, Eisen, Kupfer, Zink, Selen und Kobalt. Und es kommt noch besser: Auch die Vitamine B1, B12, E sowie das Provitamin A und die sekundären Pflanzenstoffe Isoflavonoide sind in nennenswerten Mengen in Lupinensamen enthalten.

Frei von …

Manche Lebensmittel werden durch das wertvoll, was sie nicht enthalten. Lupinensamen sind frei von Laktose (Milchzucker) und Gluten (Klebereiweiß des Weizens). Beides wird von immer mehr Menschen nicht gut oder gar nicht vertragen. Ebenfalls nicht enthalten sind Purine und Cholesterin. Purine kommen in tierischen Produkten wie Fleisch und Fisch, aber auch in pflanzlichen Produkten vor, unter anderem in Hülsenfrüchten. Die aus Purinen im Körper gebildete Harnsäure kann bei erhöhten Werten zu Gicht führen. Cholesterin, das nur in tierischen Produkten vorkommt, ist für den Menschen lebensnotwendig. Zu große Mengen fördern jedoch die Entstehung von Herz-Kreislauf-Erkrankungen. In allen vier Fällen helfen Lupinenprodukte auf dem Speiseplan dabei gesund zu bleiben und sich wohl zu fühlen.

Glyx-Tief

Je niedriger der glykämische Index (Glyx) eines Lebensmittels, desto besser. Der Glyx von Lupinen ist äußerst niedrig. Das heißt, viele Lupinenprodukte lassen den Blutzuckerspiegel nur langsam ansteigen. Man wird also nicht von Heißhungerattacken gequält und bleibt aufgrund des hohen Ballaststoffgehalts auch noch länger satt.

Lupinensuppe mit Avocadobällchen

FÜR 2 PERSONEN
ZUBEREITUNGSZEIT: 30 MIN.
PRO PORTION: CA. 445 KCAL | 5 G E | 37 G F | 21 G KH

- → 100 g Süßkartoffel
- → 2 Schalotten
- → 1 Knoblauchzehe
- → 1 EL Olivenöl
- → 250 ml Lupinendrink (s. S. 29 oder Fertigprodukt; ersatzweise Haferdrink)
- → 300 ml Gemüsebrühe
- → 100 g eingelegte Lupinenkerne (Glas)
- → 1 Avocado (reif, aber noch fest)
- → 1 EL Limettensaft
- → 2 Stängel Koriandergrün
- → Salz | Pfeffer
- → Chiliflocken zum Bestreuen

Lupi-Stock

Eingelegte Lupinenkerne aus dem Glas sind ziemlich salzig. Beim Würzen also sparsam mit Salz umgehen. Alternativ kannst du dir auch einen eigenen Vorrat an vorgekochten Lupinenkernen anlegen (Zubereitung s. S. 52) und als Basis für die Suppe und andere Gerichte nehmen.

1. Die Süßkartoffel schälen und in kleine Würfel schneiden. Die Schalotten und den Knoblauch schälen und ebenfalls klein würfeln. Das Öl in einem Topf erhitzen und die Schalotten darin glasig dünsten. Den Knoblauch und die Süßkartoffeln 1–2 Min. mitdünsten. Den Lupinendrink und die Brühe angießen und aufkochen lassen. Die Suppe zugedeckt ca. 5 Min. köcheln lassen.

2. Die Lupinenkerne in einem Sieb abbrausen, abtropfen und in der Suppe bei kleiner Hitze zugedeckt ca. 20 Min. köcheln lassen.

3. Inzwischen die Avocado halbieren und den Kern entfernen. Aus dem Fruchtfleisch mit einem Melonenausstecher kleine Kugeln ausstechen und diese mit dem Limettensaft beträufeln. Das übrige Avocadofruchtfleisch aus der Schale heben und in Würfel schneiden. Den Koriander abbrausen, trocken schütteln und die Blätter abzupfen.

4. Die Lupinen mit Salz und Pfeffer würzen, die Avocadowürfel hinzufügen und alles mit dem Pürierstab fein mixen. Die Suppe durch ein feines Sieb streichen, erneut erhitzen und in Schalen verteilen. Die Avocadobällchen in die Schalen geben und die Suppe mit Koriander und Chiliflocken bestreuen. Dazu passt Fladenbrot.

Healthy Balls

Tomatensuppe mit Lupinen-Couscous-Klößchen

FÜR 2 PERSONEN
ZUBEREITUNGSZEIT: 45 MIN.
PRO PORTION: CA. 295 KCAL | 15 G E | 12 G F | 27 G KH

FÜR DIE KLÖSSCHEN:
→ 250 ml Gemüsebrühe
→ 50 g feines Lupinenschrot
→ 50 g Couscous
→ 2 dünne Frühlingszwiebeln
→ 1 TL Johannisbrotkernmehl
→ ¼ TL abgeriebene Schale von 1 Bio-Zitrone
→ Salz | Pfeffer

FÜR DIE SUPPE:
→ 1 kleine Zwiebel
→ 1 Knoblauchzehe
→ 2 EL Olivenöl
→ 1 EL Tomatenmark
→ 1 Dose stückige Tomaten (400 g)
→ 250 ml Gemüsebrühe
→ Salz | Pfeffer
→ ¼ TL gemahlener Piment
→ 3 Stängel Basilikum

1. Für die Klößchen die Brühe in einem Topf aufkochen. Das Lupinenschrot und den Couscous einrühren und zugedeckt bei kleiner Hitze ca. 10 Min. quellen lassen, bis die Flüssigkeit komplett aufgesogen ist. Den Topf vom Herd nehmen und die Masse abkühlen lassen.

2. Inzwischen die Frühlingszwiebeln putzen und waschen, die weißen und hellgrünen Teile in feine Würfel schneiden und mit Johannisbrotkernmehl und Zitronenschale unter die Lupinenmasse mischen. Mit Salz und Pfeffer kräftig würzen. Aus der Lupinenmasse mit nassen Händen acht kleine Kugeln formen und auf einem Teller ruhen lassen.

3. Für die Suppe die Zwiebel und den Knoblauch schälen und in feine Würfel schneiden. In einem Topf 1 EL Öl erhitzen, Zwiebel und Knoblauch darin 2–3 Min. andünsten. Das Tomatenmark unterrühren und kurz mitdünsten. Die Tomaten und die Brühe hinzufügen und unter Rühren aufkochen lassen. Die Suppe zugedeckt ca. 15 Min. köcheln lassen.

4. Die Tomaten mit dem Pürierstab fein mixen, mit Salz, Pfeffer und Piment würzen. Die Suppe warm halten. Das übrige Öl in einer beschichteten Pfanne erhitzen. Die Lupinen-Klößchen darin zuerst bei starker, dann bei mittlerer Hitze rundherum in ca. 5 Min. goldbraun braten. Das Basilikum abbrausen, trocken schütteln und die Blätter abzupfen. Die Tomatensuppe in Schalen verteilen und die Lupinen-Klößchen hineingeben. Die Basilikumblätter auf die Suppe streuen.

Genüsslich reinlegen

»Enjoy the little things.«

VERFASSER UNBEKANNT

Spaghetti Lupi-Bolognese

Möhren, Sellerie, Tomaten, Knoblauch – alles, was das Veggie-Herz begehrt – plus Eiweißknüller Lupinenschrot machen den Klassiker zur neuen Lieblings-Pasta.

FÜR 2 PERSONEN
ZUBEREITUNGSZEIT: 45 MIN.
PRO PORTION: CA. 770 KCAL | 41 G E | 18 G F | 95 G KH

FÜR DIE BOLOGNESE:
→ 100 g grobes Lupinenschrot
→ 300 ml Gemüsebrühe
→ 1 Zwiebel
→ 1 Knoblauchzehe
→ 1 dünne Stange Staudensellerie
→ 1 ½ EL Olivenöl
→ 1 EL Tomatenmark
→ Salz
→ Pfeffer
→ ½ TL Vollrohrzucker
→ 5 EL trockener Rotwein
→ 1 Dose geschälte Kirschtomaten (400 g)
→ 1 TL getrockneter Oregano
→ 4 Stängel Basilikum

AUSSERDEM:
→ Salz
→ 200 g Spaghetti
→ 1 Zucchino
→ 2 Möhren
→ 30 g Parmesanspäne

1. Für die Bolognese das Lupinenschrot in einem Topf unter Rühren anrösten. 250 ml Brühe angießen und kurz aufkochen lassen. Das Schrot zugedeckt bei kleiner Hitze ca. 10 Min. quellen lassen.

2. Inzwischen die Zwiebel und den Knoblauch schälen und fein würfeln. Den Sellerie putzen, waschen und ebenfalls fein würfeln. Das Öl in einer großen beschichteten Pfanne erhitzen, die Zwiebel und den Knoblauch darin glasig dünsten. Den Sellerie 2–3 Min. mitdünsten.

3. Das Lupinenschrot und das Tomatenmark einrühren und kurz mitdünsten. Mit Salz, Pfeffer und Zucker würzen. Den Wein angießen und etwas einkochen lassen. Die Tomaten samt Saft, die restliche Brühe und den Oregano untermischen. Die Sauce offen ca. 30 Min. köcheln lassen.

4. Inzwischen in einem großen Topf reichlich Salzwasser aufkochen. Die Spaghetti darin nach Packungsangabe bissfest garen. Den Zucchino putzen und waschen. Die Möhren putzen und schälen. Beide Gemüse mit einem Spiralschneider in feine Streifen schneiden (alternativ das Gemüse längs in feine Scheiben und diese längs in Streifen schneiden).

5. Die Gemüsestreifen ca. 2 Min. vor Garzeitende zu den Nudeln geben und mitgaren. Die Gemüse-Spaghetti-Mischung in ein Sieb abgießen und abtropfen lassen.

6. Die Bolognese mit Salz und Pfeffer kräftig würzen. Das Basilikum abbrausen und trocken schütteln, die Blätter abzupfen, ein paar davon zum Garnieren beiseitelegen, den Rest klein schneiden und untermischen. Die Spaghetti mit der Bolognese auf Teller verteilen. Mit Parmesan bestreuen und mit dem übrigen Basilikum garnieren.

Lupinen-Fusilli mit Tomaten-Orangen-Pesto

FÜR 2 PERSONEN
ZUBEREITUNGSZEIT: 30 MIN.
PRO PORTION: CA. 835 KCAL | 30 G E | 47 G F | 70 G KH

→ 40 g Walnusskerne
→ 100 g getrocknete Tomaten (in Öl eingelegt)
→ 1 kleine Knoblauchzehe
→ 1 Stängel Oregano
→ ½ Bio-Orange
→ 2 TL Kapern
→ Meersalz | Chiliflocken
→ 200 g Vollkorn-Lupinen-Fusilli
→ 100 g Baby-Spinat
→ 150 g Kirschtomaten
→ 50 g geriebener Parmesan

Mach mal selber!

Home made Pesto macht einfach glücklich! Deshalb am besten gleich mehr davon mixen, in ein Schraubglas füllen, mit Olivenöl bedecken und gut verschlossen im Kühlschrank aufbewahren. Es hält sich etwa 1 Woche und schmeckt auch super als veganer Brotaufstrich.

1. Für das Pesto die Walnüsse grob hacken, in einer Pfanne ohne Fett goldbraun rösten und auf einem Teller abkühlen lassen.

2. Inzwischen die getrockneten Tomaten klein schneiden. Den Knoblauch schälen und grob hacken. Den Oregano abbrausen, trocken schütteln und die Blätter abzupfen. Die Orange heiß waschen und abtrocknen, 1 TL Schale fein abreiben und den Saft auspressen. Tomaten, Knoblauch, Oregano, Kapern, Orangensaft, -schale und die Hälfte der Nüsse im Blitzhacker stückig pürieren, dabei 1–2 EL Tomaten-Einlegeöl einlaufen lassen. Das Pesto mit Meersalz und Chiliflocken würzen.

3. In einem großen Topf reichlich Salzwasser aufkochen. Die Nudeln darin nach Packungsangabe bissfest garen. Inzwischen den Spinat waschen, gut abtropfen lassen und verlesen. Die Kirschtomaten waschen und halbieren.

4. Die Nudeln in ein Sieb abgießen, dabei 5 EL Kochwasser auffangen. Die Fusilli wieder in den Topf geben, die Hälfte des Pestos mit dem Kochwasser verrühren und unter die Pasta mischen. Den Spinat und die Kirschtomaten unterheben. Mit Salz und Chiliflocken würzen. Auf Teller verteilen, mit den übrigen Walnüssen sowie Parmesan bestreut servieren und das restliche Pesto dazu reichen.

Italian-oriental Liaison

Kürbis-Lupinen-Spätzle

Spätzle ohne Eier funktionieren – Lupinenmehl sei Dank! Es übernimmt den Part der Eier, bindet den Teig und färbt ihn obendrein noch wie das Gelbe vom Ei.

FÜR 2 PERSONEN
ZUBEREITUNGSZEIT: 45 MIN.
PRO PORTION: CA. 800 KCAL | 36 G E | 37 G F | 79 G KH

FÜR DIE KÜRBIS-SPÄTZLE:

- → 125 g Weizenmehl (Type 550)
- → 50 g Hartweizengrieß
- → 50 g Lupinenmehl
- → Salz
- → frisch geriebene Muskatnuss
- → 200 ml Mineralwasser mit Kohlensäure
- → ½ Hokkaidokürbis (ca. 350 g)
- → 30 g Haselnusskerne
- → 100 g Bergkäse (ersatzweise veganer Käse)
- → 1 EL Olivenöl
- → 2 TL Walnussöl
- → Pfeffer

AUSSERDEM:

- → Spätzlepresse
- → Öl für die Form
- → ofenfeste Form (ca. 20 × 30 cm)
- → 2 EL Röstzwiebeln (Fertigprodukt; nach Belieben)

1. Für die Kürbis-Spätzle das Weizenmehl, den Hartweizengrieß und das Lupinenmehl mit ¼ TL Salz und Muskatnuss in einer Schüssel mischen. Das Mineralwasser mit einem Kochlöffel unterrühren und den Teig so lange schlagen, bis er glatt ist. Den Teig 15–20 Min. ruhen lassen.

2. Inzwischen den Kürbis waschen, die Fasern und Kerne mit einem Löffel herausschaben. Den Kürbis in breite Spalten schneiden und grob raspeln. Die Haselnüsse hacken, den Käse reiben.

3. In einem breiten, hohen Topf reichlich Wasser zum Kochen bringen. Den Teig portionsweise in die Spätzlepresse füllen und in das Wasser drücken. Sobald die Spätzle an die Oberfläche steigen, mit dem Schaumlöffel herausheben und in einer Schüssel mit kaltem Wasser abschrecken. Die Spätzle in ein Sieb abgießen und abtropfen lassen.

4. Den Backofen auf 200° vorheizen. Die beiden Öle in einer großen Pfanne erhitzen und den Kürbis darin bei mittlerer Hitze unter gelegentlichem Rühren ca. 4 Min. braten. Die Spätzle dazugeben und unter Rühren mit erhitzen. Mit Salz, Pfeffer und Muskatnuss kräftig würzen, jeweils die Hälfte des Käses und der Haselnüsse untermischen.

5. Die Kürbis-Spätzle in der gefetteten Form verteilen, den übrigen Käse darauf verteilen und im Ofen (Mitte) 8–10 Min. backen, bis der Käse zerlaufen ist. Die Kürbis-Lupinen-Spätzle mit den übrigen Haselnüssen und nach Belieben mit Röstzwiebeln bestreut servieren.

» Some people feel the rain, others just get wet. «
BOB MARLEY

Lupinen-Linsen-Dal

FÜR 2 PERSONEN
ZUBEREITUNGSZEIT: 30 MIN.
PRO PORTION: CA. 665 KCAL | 23 G E | 50 G F | 25 G KH

- 2 EL Kokos-Chips
- 1 Zwiebel
- 1 Knoblauchzehe
- 1 Stück Ingwer (ca. 15 g)
- 2 EL Öl
- ½ TL gemahlener Kreuzkümmel
- ½ TL gemahlene Kurkuma
- 1 EL Tomatenmark
- 200 ml Gemüsebrühe
- 300 g Kokosmilch (Dose; mind. 15 % Fett)
- 50 g rote Linsen
- 50 g feines Lupinenschrot
- ½ Bund Koriandergrün
- Salz | Pfeffer
- 2 TL Limettensaft
- Chiliflocken zum Bestreuen

Basmati mit Cashews

Als Beilage 150 g Basmatireis mit 300 ml Wasser und Salz zugedeckt bei kleiner Hitze garen. Den Reis auf der ausgeschalteten Herdplatte ca. 5 Min. ausdampfen lassen. 50 g gesalzene und geröstete Cashewkerne grob hacken und mit ½ TL abgeriebener Bio-Limettenschale untermischen.

1. Die Kokos-Chips in einer Pfanne ohne Fett unter Rühren goldbraun rösten und auf einem Teller abkühlen lassen.

2. Zwiebel, Knoblauch und Ingwer schälen und fein würfeln. Das Öl in einem Topf erhitzen, Zwiebel, Knoblauch und Ingwer darin unter Rühren ca. 2 Min. andünsten. Kreuzkümmel, Kurkuma und Tomatenmark untermischen und kurz mitdünsten. Die Brühe und die Kokosmilch angießen und aufkochen lassen. Linsen und Lupinenschrot dazugeben und zugedeckt bei kleiner Hitze ca. 10 Min. köcheln, bis die Linsen weich sind und die Flüssigkeit fast vollständig aufgesogen ist.

3. Inzwischen den Koriander abbrausen und trocken schütteln, die Blätter abzupfen und ein paar davon beiseitelegen. Die übrigen Korianderblätter fein schneiden und unter das Lupinen-Dal rühren. Mit Salz, Pfeffer und Limettensaft würzen.

4. Das Dal auf Teller verteilen. Mit den Kokos-Chips sowie einigen Chiliflocken bestreuen und mit dem übrigen Koriandergrün garnieren. Dazu passt Cashew-Basmati-Reis (siehe Tipp).

Indian Power

Hot-Chili-Pattys mit Süßkartoffel-Sticks

FÜR 2 PERSONEN
ZUBEREITUNGSZEIT: 45 MIN.
PRO PORTION: CA. 1 040 KCAL | 36 G E | 56 G F | 88 G KH

FÜR DIE PATTYS:
- 250 ml Gemüsebrühe
- 125 g grobes Lupinenschrot
- 1 Zwiebel
- 1 Knoblauchzehe
- 2 EL Lupinenmehl
- 4 EL Vollkorn-Semmelbrösel
- 50 g Sojacreme
- 1 TL Cayennepfeffer
- Salz
- 2 EL Olivenöl

FÜR DIE STICKS:
- 2 Süßkartoffeln (ca. 600 g)
- 3 EL Olivenöl
- 1 TL getrockneter Rosmarin
- Meersalz

FÜR DEN DIP:
- 60 g Lupinen-Mayonnaise
- 1 ½ TL Dijon-Senf
- 1 Cornichon

1. Für die Pattys in einem Topf die Brühe aufkochen und das Lupinenschrot darin bei kleiner Hitze ca. 10 Min. köcheln, bis die Flüssigkeit aufgesogen ist. Vom Herd nehmen und etwas abkühlen lassen.

2. Inzwischen die Zwiebel und den Knoblauch schälen und in feine Würfel schneiden. Das Lupinenschrot im Blitzhacker oder in einem hohen Rührbecher mit dem Pürierstab fein mixen und in eine Schüssel geben. Zwiebel, Knoblauch, Lupinenmehl, Semmelbrösel sowie Sojacreme hinzufügen und alles zu einem glatten Teig verkneten. Mit Cayennepfeffer und Salz würzen und erneut gut durchkneten. Aus der Masse mit nassen Händen 6 flache Pattys formen und ca. 30 Min. kalt stellen.

3. Inzwischen für die Sticks den Backofen auf 200° vorheizen. Ein Backblech mit Backpapier belegen. Die Süßkartoffeln schälen und in ca. 2 cm dicke Stifte schneiden. Das Öl mit dem Rosmarin in einer Schüssel verrühren, mit den Süßkartoffeln mischen und auf dem Blech verteilen. Die Sticks im Ofen (unten) in 20–25 Min. leicht knusprig backen.

4. Das Öl in einer großen beschichteten Pfanne erhitzen und die Pattys darin auf beiden Seiten bei mittlerer bis starker Hitze in jeweils 3–4 Min. knusprig braten.

5. Inzwischen für den Dip die Mayonnaise mit dem Senf verrühren. Die Gurke in feine Würfel schneiden und untermischen. Die Süßkartoffel-Sticks vom Blech nehmen, mit Meersalz bestreuen und mit den Pattys und dem Dip servieren.

Deliciously Dreamteam

Pfeffer-Lupinenfilet mit Pimientos-Kartoffel-Wedges

FÜR 2 PERSONEN
ZUBEREITUNGSZEIT: 30 MIN.
PRO PORTION: CA. 500 KCAL | 29 G E | 28 G F | 31 G KH

FÜR DIE WEDGES:

- → 300 g kleine festkochende Kartoffeln (z. B. Drillinge)
- → Salz
- → 200 g Pimientos de Padrón (kleine Grillpaprika)
- → 100 g Kirschtomaten
- → 2 EL Olivenöl
- → Pfeffer

FÜR DIE LUPINENFILETS:

- → 2 Lupinenfilets (200 g)
- → 1 TL schwarze Pfefferkörner
- → 1 TL weiße Pfefferkörner
- → 1 TL rote Pfefferbeeren
- → 1 EL Olivenöl
- → Meersalz

Guacamole in Gelb

50 g Lupinenschrot in 125 ml Gemüsebrühe ca. 10 Min. köcheln. Das Fruchtfleisch von 1 Avocado, das Schrot, Chili und Zitronensaft pürieren, salzen und pfeffern.

1. Für die Wedges vorzugsweise am Vortag die Kartoffeln waschen und mit Schale in wenig Salzwasser in ca. 15 Min. gar kochen. Dann abgießen und vollständig abkühlen lassen. Die Kartoffeln kurz vor der Verwendung längs halbieren oder vierteln.

2. Die Pimientos und die Kirschtomaten waschen. Die Lupinenfilets trocken tupfen. Pfefferkörner und -beeren in der Gewürzmühle grob mahlen oder im Mörser zerstoßen und auf einem Teller verteilen. Die Filets auf beiden Seiten mit dem Olivenöl bestreichen, im Pfeffer wenden und mit Meersalz würzen.

3. Das Öl in einer großen Pfanne erhitzen und die Kartoffeln darin bei mittlerer Hitze ca. 5 Min. braten, dabei zwischendurch wenden. Die Pimientos bei starker Hitze 4–5 Min. mitbraten. Mit Salz und Pfeffer würzen, die Kirschtomaten unterheben und bei mittlerer Hitze ca. 5 Min. mitgaren.

4. Inzwischen eine Grillpfanne erhitzen. Die Lupinenfilets darin bei starker Hitze auf jeder Seite ca. 2 Min. anbraten. Dann bei mittlerer Hitze ca. 5 Min. weiterbraten. Die Lupinenfilets aus der Pfanne nehmen, jeweils in 3–4 Stücke oder in dünne Scheiben schneiden und mit den Pimientos-Kartoffel-Wedges auf Tellern anrichten. Dazu passt eine Lupinen-Guacamole (siehe Tipp).

Fein rustikal

Quinoa-Buddha-Bowl

FÜR 2 PERSONEN
ZUBEREITUNGSZEIT: 35 MIN.
PRO PORTION: CA. 675 KCAL |
34 G E | 40 G F | 56 G KH

- → 2 Möhren
- → 250 g Brokkoliröschen
- → 150 g Rotkohl
- → 1 Zwiebel
- → 1 Knoblauchzehe
- → 125 g Quinoa
- → 250 ml milde Gemüsebrühe
- → 30 g TK-Erbsen
- → 1 Avocado
- → 2 EL Zitronensaft
- → 170 g Lupinen-Tempeh
- → 1 EL Kokosöl
- → 2 Handvoll Radieschensprossen
- → Meersalz | Pfeffer
- → ¼ TL edelsüßes Paprikapulver

Gurken-Hummus

1 Minigurke waschen, halbieren, entkernen und grob würfeln. Mit 80 g abgetropften Lupinenkernen (Glas), 1 EL Tahin (Sesampaste), 1 EL Olivenöl und 1 EL Zitronensaft im Blitzhacker pürieren. Mit ¼ TL gemahlenem Kreuzkümmel, wenig Salz und etwas Pfeffer würzen.

1. Die Möhren putzen, schälen und längs in feine Streifen hobeln oder grob raspeln. Den Brokkoli putzen und waschen. Den Rotkohl putzen, waschen und in feine Streifen schneiden. Die Zwiebel und den Knoblauch schälen und fein würfeln. Das vorbereitete Gemüse mit Quinoa und Brühe in einem Topf zum Kochen bringen und offen bei kleiner Hitze unter gelegentlichem Rühren 15–20 Min. köcheln, bis die Flüssigkeit vollständig verdampft ist.

2. Die Erbsen hinzufügen und das Quinoa-Gemüse unter Rühren 2–3 Min. weiter kochen lassen. Die Avocado halbieren und entkernen, das Fruchtfleisch auslösen, in Scheiben schneiden und sofort mit etwas Zitronensaft beträufeln.

3. Das Tempeh in Scheiben schneiden. Das Kokosöl in einer beschichteten Pfanne erhitzen und das Tempeh darin bei mittlerer Hitze unter Wenden in ca. 5 Min. auf beiden Seiten goldbraun braten.

4. Die Sprossen waschen und trocken schütteln. Die Quinoa-Mischung vom Herd nehmen, mit Salz, Pfeffer, Paprika und dem übrigen Zitronensaft würzen. Das Quinoa-Gemüse mit dem Tempeh in Schüsseln verteilen, mit den Avocadoscheiben belegen und die Sprossen darüberstreuen. Nach Belieben einen Klecks Gurken-Hummus (siehe Tipp) daraufgeben.

Healthy & happy

Öko-Benefits

KAUM ZU GLAUBEN, DASS DIE LUPINE SO LANGE EIN SCHATTENDASEIN FÜHRTE, DENN SIE IST EIN RICHTIGER VOLLTREFFER HINSICHTLICH PROTEINEN UND ÖKOLOGIE.

Lupine schlägt Soja

Streng genommen ist Soja eine ökologische Katastrophe. Sojabohnen, die bei uns verwendet werden, stammen überwiegend aus den USA, Brasilien oder China, werden also um die halbe Welt nach Europa transportiert. Zudem sind viele Sojapflanzen gentechnisch verändert. Zum Glück haben wir mit Lupinen inzwischen eine echte Alternative. Lupinen wachsen auch in Deutschland, und sie enthalten mehr Eiweiß und weniger Fett als Sojabohnen.

Gut für den Boden

Lupinen sind nicht nur gut für den Menschen, sondern auch für den Boden. Sie reichern ihn nämlich mit Stickstoff an, das heißt, sie düngen ihn für die nächste Pflanzengeneration. Dies geschieht mithilfe von Bakterien, die den Stickstoff aus der Luft aufnehmen und in Wurzelknöllchen im Boden binden, wo die Pflanzen ihn verwenden können. Lupinen wurden schon im Mittelalter als sogenannte Wechselfrucht angebaut, um die Fruchtbarkeit des Bodens zu erhalten.

Nicht bitter, nicht süß

Wilde Lupinen und Gartenlupinen enthalten Bitterstoffe (Alkaloide), die sie ungenießbar machen. Früher wurden diese Stoffe durch Wässern in Salzwasser aufwendig ausgeschwemmt. Moderne Züchtungen hatten die Bitterstoffe zwar reduziert, jedoch hatten die Samen nach wie vor einen grasigen oder bohnigen Eigengeschmack. Das Fraunhofer Institut in Freising entwickelte ein Verfahren, mit dem die Bitterstoffe und störenden Aromen eliminiert werden können. Das Ergebnis: reines Lupineneiweiß mit neutralem Geschmack, das nach Belieben aromatisiert werden kann – der perfekte Fleischersatz. Dem Siegeszug der Lupine steht also nichts mehr im Weg. Übrigens: Die Bezeichnung Süßlupinen auf diversen Lupinenprodukten bedeutet nicht, dass der Inhalt süß, sondern lediglich, dass er nicht bitter schmeckt.

Zukunft mit Lupine & Co.

In den Industrienationen werden große Teile der Ackerflächen ausschließlich für die Produktion von Tierfutter genutzt. Angesichts einer stetig wachsenden Erdbevölkerung ist das offensichtlich unsinnig. Die Zukunft liegt in pflanzlichen Nahrungsmitteln. Lupinen und andere Hülsenfrüchte werden dabei eine wichtige Rolle spielen. Die Vereinten Nationen hatten das Jahr 2016 zum Jahr der Hülsenfrüchte erklärt. Slogan: Nutritious seeds for a sustainable future! (Nahrhafte Samen für eine nachhaltige Zukunft!)

Sesam-Lupinenfilet mit Frühlingsgemüse

FÜR 2 PERSONEN
ZUBEREITUNGSZEIT: 30 MIN.
PRO PORTION: CA. 625 KCAL | 35 G E | 44 G F | 22 G KH

- 1 Kohlrabi
- 100 g Zuckerschoten
- 150 g Bundmöhren
- 4 Frühlingszwiebeln
- Salz
- 10 Stängel Kerbel
- 1 Eiweiß (M)
- 4 EL geschälter Sesam
- 2 Lupinenfilets (200 g)
- Pfeffer
- 2 EL Öl | 1 EL Butter
- 3–4 EL Gemüsebrühe
- 1 TL flüssiger Honig

Grün verhüllt

4 große Mangoldblätter (ohne Stiele) ca. 30 Sek. blanchieren und abtropfen lassen. 2 Lupinenfilets mit 4 TL Gomasio würzen. Je 2 Mangoldblätter überlappend auslegen und je 1 Filet darin einwickeln. Die Lupinenpäckchen in einem Dämpfeinsatz über Salzwasser ca. 10 Min. garen.

1. Den Kohlrabi putzen, schälen, vierteln und in ca. 5 mm dicke Scheiben schneiden. Die Zuckerschoten putzen, waschen und schräg halbieren. Die Möhren putzen, dünn schälen oder unter kaltem Wasser abbürsten. Die Möhren schräg in 1–2 cm breite Stücke schneiden. Die Frühlingszwiebeln putzen, waschen und schräg in 3–4 cm breite Stücke schneiden.

2. In einem Topf Salzwasser zum Kochen bringen. Die Möhren und den Kohlrabi darin ca. 4 Min. garen, die Zuckerschoten und Frühlingszwiebeln 1 Min. mitgaren. Das Gemüse in ein Sieb abgießen, abschrecken und abtropfen lassen. Den Kerbel abbrausen, trocken schütteln, die Blätter abzupfen und grob hacken.

3. Den Backofen auf 100° vorheizen. Das Eiweiß in einer flachen Schale verquirlen. Den Sesam in einer zweiten flachen Schale verteilen. Die Lupinenfilets trocken tupfen, salzen und pfeffern, zuerst in dem Eiweiß, dann im Sesam wenden. Das Öl in einer beschichteten Pfanne erhitzen und die Lupinenfilets darin auf jeder Seite 2–3 Min. braten. Die Filets im Ofen warm halten.

4. Die Butter mit dem übrigen Bratfett in der Pfanne erhitzen. Das vorbereitete Gemüse, Brühe und Honig darin ca. 2 Min. dünsten. Mit Salz und Pfeffer würzen. Die Lupinenfilets schräg in Scheiben schneiden, mit dem Gemüse auf Tellern anrichten und mit dem Kerbel bestreuen.

Low carb, high taste!

Wok-Gemüse mit Lupinenfilet

FÜR 2 PERSONEN
ZUBEREITUNGSZEIT: 30 MIN. | MARINIERZEIT: 30 MIN.
PRO PORTION: CA. 550 KCAL | 33 G E | 29 G F | 38 G KH

- → 1 Stück Ingwer (ca. 15 g)
- → 1 Knoblauchzehe
- → 4 EL Tamari-Sojasauce
- → 2 EL süß-scharfe Chilisauce
- → 2 Lupinenfilets (200 g)
- → 1 Aubergine (ca. 250 g)
- → 1 rote Paprika
- → 3 Frühlingszwiebeln
- → 1 rote Peperoni
- → 1 Dose Maiskörner (140 g Abtropfgewicht)
- → 3 EL Öl
- → Salz | Pfeffer
- → 150 ml Gemüsebrühe
- → 1–2 TL Limettensaft
- → 4 Stängel Koriandergrün

Noch was dazu?

Eigentlich braucht man keine Beilage zu dieser Gemüse-Pfanne. Aber falls doch: 100 g Reisnudeln in einer Schüssel mit kochendem Salzwasser übergießen und 7–10 Min. einweichen, dann abgießen und abtropfen lassen. Low-Carb-Fans nehmen alternativ Konjak-Spaghetti.

1. Ingwer und Knoblauch schälen und fein würfeln. Beides mit Sojasauce und Chilisauce in einer Schale mischen. Die Lupinenfilets in ca. 1 cm dicke Scheiben schneiden und in der Sojamarinade ca. 30 Min. marinieren, zwischendurch wenden.

2. Inzwischen die Aubergine putzen, waschen und in ca. 2 cm große Würfel schneiden. Die Paprika halbieren, weiße Trennwände und Kerne entfernen, die Hälften waschen und quer in ca. 5 mm breite Streifen schneiden. Die Frühlingszwiebeln putzen und waschen, die weißen und hellgrünen Teile schräg in 2–3 cm breite Stücke schneiden. Die Peperoni halbieren, entkernen, waschen und in Streifen schneiden. Den Mais in einem Sieb abbrausen und abtropfen lassen.

3. Die Lupinenfilets aus der Marinade nehmen und mit Küchenpapier trocken tupfen. Im Wok 1 EL Öl erhitzen und die Lupinenfilets darin bei starker Hitze auf beiden Seiten in 2–3 Min. hellbraun braten. Auf einem Teller beiseitestellen. Das übrige Öl im Wok erhitzen, Aubergine und Paprika darin bei starker Hitze unter Rühren ca. 2 Min. braten. Frühlingszwiebeln und Peperoni ca. 1 Min. mitbraten. Mit Salz und Pfeffer würzen. Brühe und Marinade der Lupinenfilets sowie den Mais hinzufügen, aufkochen und ca. 5 Min. köcheln lassen.

4. Das Wok-Gemüse mit Limettensaft, Salz und Pfeffer abschmecken. Die Lupinenfilets untermischen und ca. 1 Min. erhitzen. Das Koriandergrün abbrausen und trocken schütteln, die Blätter abzupfen und vor dem Servieren auf das Gemüse streuen.

»Young, wild and free.«
VERFASSER UNBEKANNT

Lupinen-Sprossen-Burger

FÜR 4 STÜCK
ZUBEREITUNGSZEIT: 45 MIN.
PRO PORTION: CA. 435 KCAL | 23 G E | 12 G F | 52 G KH

FÜR DIE PATTYS:
- → 50 g Grünkernschrot
- → 150 ml Gemüsebrühe
- → 1 Glas eingelegte Lupinenkerne (240 g Abtropfgewicht)
- → 1 Zwiebel
- → 1 Knoblauchzehe
- → 6 Zweige Thymian
- → 3 EL Olivenöl
- → 2 EL scharfes Ajvar
- → Salz | Pfeffer
- → 2 EL Lupinenmehl
- → 1 TL Johannisbrotkernmehl

AUSSERDEM:
- → 4 große Burger-Brötchen (ersatzweise Vollkornbrötchen)
- → 50 g Lupinensprossen (s.S. 55; ersatzweise Alfalfa-, Rettich-, Radieschensprossen)
- → 2 Tomaten
- → 4 große Blätter Kopfsalat
- → 4 EL Tomatenketchup

1. Für die Pattys in einem Topf das Grünkernschrot mit 100 ml Brühe aufkochen und bei kleiner Hitze 5 Min. köcheln. Den Topf vom Herd nehmen und den Grünkern zugedeckt ca. 20 Min. quellen lassen. Anschließend abkühlen lassen.

2. Inzwischen die Lupinenkerne in einem Sieb abbrausen und abtropfen lassen. Die Zwiebel und den Knoblauch schälen und fein würfeln. Den Thymian abbrausen, trocken schütteln, die Blättchen abzupfen und fein hacken. In einem Topf 1 EL Öl erhitzen und die Zwiebel und den Knoblauch darin glasig dünsten. Ajvar und Thymian einrühren, dann die Lupinenkerne und die übrige Brühe dazugeben. Die Lupinen offen 4–5 Min. köcheln lassen, bis die Flüssigkeit verdunstet ist. Mit Salz und Pfeffer würzen und leicht abkühlen lassen.

3. Die Lupinenmischung mit dem Pürierstab nicht zu fein mixen. Den Grünkern, das Lupinen- und Johannisbrotkernmehl sowie 3–4 EL Wasser untermischen. Aus der Masse mit nassen Händen vier Pattys formen.

4. Die Burger-Brötchen nach Packungsangabe aufbacken oder quer halbieren und in einer Pfanne ohne Fett knusprig rösten. Die Sprossen abbrausen und abtropfen lassen. Die Tomaten waschen und in Scheiben schneiden. Die Salatblätter waschen, trocken schütteln, in grobe Stücke zupfen.

5. Das übrige Öl in einer Pfanne erhitzen und die Pattys darin auf jeder Seite in 4–5 Min. knusprig braun braten. Die unteren Brötchenhälften abwechselnd mit Salat, Ketchup, Tomaten, 1 Lupinen-Patty und Sprossen belegen. Die oberen Brötchenhälften daraufsetzen, leicht andrücken und die Burger sofort servieren.

Veganer Hochstapler

Lupinen-Miso-Suppe

FÜR 2 PERSONEN
ZUBEREITUNGSZEIT: 30 MIN.
PRO PORTION: CA. 550 KCAL | 31 G E | 19 G F | 64 G KH

- → Salz | 100 g Soba-Nudeln
- → 1 kleiner Kohlrabi
- → 100 g Zuckerschoten
- → 75 g Shiitake-Pilze
- → 2 Frühlingszwiebeln
- → 1 Stück Ingwer (ca. 10 g)
- → 1 Knoblauchzehe
- → 1 kleine rote Chilischote
- → 1 Lupinenfilet (100 g)
- → 1 EL Öl
- → 1 TL geröstetes Sesamöl
- → 900 ml Gemüsebrühe
- → 2–3 EL Sojasauce
- → 1 EL geschälter Sesam
- → ½ Nori-Blatt
- → 2 EL Miso-Lupinenpaste

1. Reichlich Salzwasser aufkochen und die Soba-Nudeln darin nach Packungsangabe garen. Die Nudeln in ein Sieb abgießen, abschrecken und abtropfen lassen.

2. Den Kohlrabi putzen, schälen, halbieren und in 5 mm dicke Spalten schneiden. Die Zuckerschoten putzen, waschen und schräg halbieren. Die Stiele der Pilze entfernen, die Hüte trocken abreiben und vierteln. Die Frühlingszwiebeln putzen und waschen. Die weißen und hellgrünen Teile in kleine Würfel schneiden, die grünen Teile schräg in feine Röllchen schneiden. Den Ingwer und den Knoblauch schälen und fein würfeln. Die Chilischote halbieren, Kerne entfernen, die Hälften waschen und fein würfeln. Das Lupinenfilet in ca. 1,5 cm große Würfel schneiden.

3. Das Öl und das Sesamöl in einem Topf erhitzen, Frühlingszwiebelwürfel, Ingwer, Knoblauch und Chili darin bei mittlerer Hitze 3–4 Min. dünsten. Den Kohlrabi kurz mitdünsten. Die Brühe und 2 EL Sojasauce angießen, aufkochen und den Kohlrabi zugedeckt ca. 7 Min. kochen. Die Pilze, die Zuckerschoten und das Lupinenfilet hinzufügen und ca. 5 Min. mitgaren.

4. Inzwischen den Sesam in einer Pfanne ohne Fett bei mittlerer Hitze hellbraun rösten. Das Nori-Blatt in feine Streifen schneiden. Die Soba-Nudeln und die Frühlingszwiebelröllchen in zwei Schalen verteilen. Die Suppe vom Herd nehmen und die Misopaste untermischen. Mit der übrigen Sojasauce abschmecken und in die Schalen gießen. Mit Sesam und Nori-Blattstreifen bestreut servieren.

Power-Paste

Lupinen-Miso ist eine Power-Paste nach Art des japanischen Miso. Sie wird aus Lupinen und dem Edelschimmelpilz »Köji« (Aspergillus oryzae) fermentiert. Ihr süß-blumiger Geschmack macht sich klasse als Würze für Gemüse und Rohkost, in Dressings, Saucen, Suppen und Smoothies.

Grüne Welle für Japan

Comeback der Lupine

REVIVALS: DIE LUPINE FIEL IM LAUF DER GESCHICHTE IMMER WIEDER MAL IN EINEN DORNRÖSCHENSCHLAF. DOCH DANK IHRER VORZÜGE WURDE SIE AUCH IMMER WIEDER WACHGEKÜSST.

Altägypten und Antike

Grabbeigaben zeigen, dass die Lupine schon im alten Ägypten der Pharaonen angebaut und offensichtlich hoch geschätzt wurde – warum sonst sollte man sie den Menschen für ihre Reise ins Jenseits mitgeben? Ganz sicher wurde die weiße Lupine im Mittelmeerraum, also im antiken Griechenland und im Römischen Reich, angebaut, das beweisen Schriften von namhaften Zeitzeugen wie Hippokrates, Plinius und Theophrast. Cato der Ältere wusste sogar: »Die Lupine zählt zu den Feldfrüchten, die die Saat düngen.« Und in einer Schrift aus dem Jahr 218 beschreibt der Gelehrte Florentinus, wie man die Samen von Bitterstoffen befreit, um sie für Mensch und Tier essbar zu machen.

Mittelalter

Auch die Äbtissin Hildegard von Bingen, die sich intensiv mit Pflanzenheilkunde beschäftigte, erwähnte Lupinen. Sie empfahl die Samen gegen Darmparasiten – was um das Jahr 1150 ein probates Mittel gewesen sein mag, wir raten ausdrücklich davon ab! Im Mittelalter erhielt die Lupine übrigens ihren heute fast vergessenen Namen »Feigbohne«, der sich vom mittelhochdeutschen »Viehbona« ableitet.

Frühe Neuzeit

Im 16. und 17. Jahrhundert wurden im Gebiet des heutigen Europa weiße Lupinen angebaut, aber wahrscheinlich nur als Zierpflanze und damit in geringem Umfang. Friedrich der Große ordnete 1781 den Anbau von Lupinen zur Gründüngung an. Aus antiken Schriften wusste man nämlich, dass Lupinen den Boden fruchtbar machen. Das Saatgut, das man aus dem Mittelmeerraum importierte, war jedoch kälteempfindlich. Die Lupinen gediehen auf den preußischen Böden nicht gut und der Anbau wurde bald wieder eingestellt.

Neuzeit

Die Erfolgsgeschichte der Lupine begann erst mit dem Nahrungsmangel, den der 1. Weltkrieg mit sich brachte. Bei Kriegsende waren Lebensmittel in ganz Europa knapp. Es gab jedoch bereits erste vielversprechende Versuche mit dem Anbau von Süßlupinen. Um die Proteinbomben bekannt zu machen, lud der Hamburger »Verein für angewandte Botanik« 1918 zu einem Lupinen-Festmahl. In den 1930er-Jahren erlebten die Süßlupinenzüchtungen in Deutschland noch einen kleinen Aufschwung, doch der Durchbruch gelang vor dem 2. Weltkrieg nicht mehr. Nach dem Krieg verhalf Amerika dem zerstörten Deutschland mit dem Marshallplan wieder auf die Beine. Gleichzeitig wurde es damit jedoch zum Kauf von amerikanischem Soja verpflichtet. Durch diesen Einweißimport wurde der großflächige Anbau von Lupinen in Deutschland unnötig.

Gefüllte Paprika mit Mandelsauce

Fetawürzig, leicht süßlich, mit Lupinen-Biss: Ras-el-Hanout verleiht der Füllung Orient-Feeling, Joghurt mit Granatapfelkernen setzt einen frischen Akzent.

FÜR 2 PERSONEN
ZUBEREITUNGSZEIT: 40 MIN. | BACKZEIT: 35 MIN.
PRO PORTION: CA. 590 KCAL | 32 G E | 31 G F | 39 G KH

FÜR DIE PAPRIKA:
→ 2 EL Pinienkerne
→ 1 rote Zwiebel
→ 1 EL Olivenöl
→ 100 g grobes Lupinenschrot
→ 1–2 TL Ras el Hanout
→ Salz | Pfeffer
→ 200 ml Gemüsebrühe
→ ½ Bund Petersilie
→ 40 g Korinthen
→ 1 rote Paprika
→ 1 gelbe Paprika
→ 50 g Schafskäse (Feta)

FÜR DIE SAUCE:
→ 150 g Sojaghurt (ersatzweise Lupinen-Joghurtalternative)
→ 1 EL gehackte Mandeln
→ Salz | Pfeffer
→ 1 ½ EL Granatapfelkerne

AUSSERDEM:
→ ofenfeste Form (ca. 20 × 30 cm)
→ Olivenöl für die Form

1. Für die Paprika die Pinienkerne in einer Pfanne ohne Fett goldbraun rösten und auf einem Teller abkühlen lassen.

2. Die Zwiebel schälen und fein würfeln. Das Öl in einem Topf erhitzen und die Zwiebel darin glasig dünsten. Das Lupinenschrot hinzufügen und unter Rühren ca. 2 Min. anrösten. Mit 1 TL Ras el Hanout, Salz und Pfeffer würzen. Die Brühe angießen und das Schrot ca. 10 Min. offen köcheln, bis die Flüssigkeit verdampft ist.

3. Inzwischen die Petersilie abbrausen und trocken schütteln, die Blätter abzupfen, ein paar davon beiseitelegen und die restlichen grob schneiden. Die Petersilie mit den Pinienkernen und Korinthen unter das Lupinenschrot mischen.

4. Den Backofen auf 180° vorheizen. Die Paprika halbieren, weiße Trennwände und Kerne entfernen und die Hälften innen salzen. Das Lupinenschrot mit Salz und Ras el Hanout abschmecken und in die Paprikahälften füllen. Eine ofenfeste Form mit Öl ausstreichen und die Paprikahälften hineinsetzen. Den Schafskäse in kleine Würfel schneiden und darüberstreuen. Die Paprika im Ofen (Mitte) ca. 35 Min. backen.

5. Inzwischen für die Sauce den Sojaghurt mit Mandeln, Salz, Pfeffer und Granatapfelkernen in einer Schale verrühren. Die Paprika aus dem Ofen nehmen, mit der restlichen Petersilie garnieren und mit der Mandelsauce servieren.

Kürbis-Lupinen-Quiche

FÜR 4 PORTIONEN
ZUBEREITUNGSZEIT: 40 MIN. | KÜHLZEIT: 30 MIN. | BACKZEIT: 1 STD.
PRO PORTION: CA. 715 KCAL | 28 G E | 46 G F | 43 G KH

FÜR DEN BODEN:

- 50 g feines Lupinenschrot
- 200 g Dinkelmehl (Type 1050)
- ¼ TL Weinstein-Backpulver
- ½ TL Salz
- 125 g Butter

FÜR DEN BELAG:

- 400 g Hokkaidokürbis
- 1 Stange Lauch
- 1 rote Peperoni
- 250 ml Lupinendrink (s. S. 29 oder Fertigprodukt; ersatzweise Milch)
- 4 Eier (M)
- 1–2 TL getrockneter Thymian
- Salz | Pfeffer
- frisch geriebene Muskatnuss
- 125 g junger Ziegenkäse (z. B. Picandou)

AUSSERDEM:

- 1 Springform (26 cm ∅)
- Olivenöl für die Form
- Mehl zum Arbeiten
- getrocknete Hülsenfrüchte zum Blindbacken

1. Für den Boden das Lupinenschrot in einer Pfanne ohne Fett goldbraun rösten. Mit Dinkelmehl, Backpulver und Salz in einer Schüssel mischen. Die Butter in kleine Stücke schneiden und mit 3–4 EL eiskaltem Wasser dazugeben. Zuerst mit den Knethaken des Handrührgeräts, dann mit den Händen alles zügig zu einem glatten Teig kneten. Den Teig in Frischhaltefolie gewickelt 30 Min. in den Kühlschrank legen.

2. Den Backofen auf 200° vorheizen. Den Boden der Form mit Olivenöl einfetten. Den Teig auf der mit Mehl bestäubten Arbeitsfläche zu einem Kreis von 32 cm ∅ ausrollen. In die Form legen und leicht andrücken, dabei einen 3 cm hohen Rand formen. Den Boden mit einer Gabel mehrmals einstechen und mit Backpapier belegen. Die Hülsenfrüchte einfüllen und den Boden im Ofen (Mitte) ca. 15 Min. vorbacken. Die Hülsenfrüchte und das Backpapier entfernen und den Boden weitere 10 Min. backen.

3. Inzwischen für den Belag den Kürbis waschen, entkernen und mit der Schale in feine Streifen hobeln. Den Lauch putzen, waschen, den weißen und hellgrünen Teil in feine Ringe schneiden (den dunkelgrünen Teil anderweitig verwenden). Die Peperoni halbieren, die Kerne entfernen, die Hälften waschen und in kleine Würfel schneiden. Den Lupinendrink mit Eiern, Peperoni und Thymian in einer Schüssel verquirlen. Mit Salz, Pfeffer und Muskatnuss kräftig würzen.

4. Kürbis und Lauch auf dem Quicheboden verteilen. Den Ziegenkäse daraufbröseln und die Eiermilch darübergießen. Die Quiche im Ofen (unten) in 40–45 Min. goldbraun backen, dabei bei Bedarf die letzten 10 Minuten mit Alufolie abdecken. Herausnehmen und lauwarm abkühlen lassen. Dazu schmeckt ein frischer Joghurt-Dip.

Heiß geliebt

Blumenkohl-Lupinen-Pizza

Wie genial ist das denn! Der Pizzaboden besteht aus gehacktem Blumenkohl, Käse und Lupinenmehl. Mais, Tomaten und Lupinenfilet toppen ihn saftig und bunt.

FÜR 2 PERSONEN
ZUBEREITUNGSZEIT: 40 MIN. | BACKZEIT: 25 MIN.
PRO PORTION: CA. 510 KCAL | 49 G E | 22 G F | 27 G KH

FÜR DEN BODEN:

- 500 g Blumenkohl | Salz
- 150 g mittelalter Gouda
- 50 g Lupinenmehl
- 1 EL geschälte Flohsamenschalen
- 1 TL Chiligewürz | Pfeffer

FÜR DEN BELAG:

- 1 Lupinenfilet (100 g)
- 2 kleine Tomaten
- 80 g Maiskörner (Dose)
- 1 Handvoll Rucola

Veggie-Varianten

Natürlich kannst du den Boden auch mit anderem Gemüse belegen. Probier die Pizza mal mit Champignons, Brokkoli, Erbsen, Paprika oder Lauch.

1. Den Blumenkohl waschen, putzen, in Röschen teilen und die dicken Stiele großzügig schälen. Die Röschen und die Stiele im Blitzhacker zu einer grießähnlichen Masse verarbeiten. Die Blumenkohlmasse in kochendem Salzwasser ca. 1 Min. blanchieren, dann in ein Sieb abgießen, abschrecken und abtropfen lassen.

2. Den Backofen auf 200° vorheizen. Den Gouda fein reiben und 50 g davon beiseitestellen. Den übrigen Gouda mit der Blumenkohlmasse, Lupinenmehl, Flohsamenschalen, Chiligewürz, Salz und Pfeffer in einer Schüssel zu einem Teig verrühren. Ein Backblech mit Backpapier belegen. Die Blumenkohlmischung in zwei Portionen daraufgeben und jeweils einen runden Fladen (ca. 18 cm ∅) daraus formen. Die Blumenkohlfladen im Ofen (Mitte) in ca. 15 Min. goldbraun backen.

3. Inzwischen für den Belag das Lupinenfilet in dünne Scheiben schneiden. Die Tomaten waschen und in dünne Scheiben schneiden, dabei die Stielansätze entfernen. Den Mais in einem Sieb abbrausen und abtropfen lassen.

4. Die Blumenkohlfladen aus dem Ofen nehmen, mit Lupinenfilet, Tomaten und Mais belegen. Mit dem übrigen Käse bestreuen und im Ofen (Mitte) weitere 10 Min. backen. Inzwischen den Rucola abbrausen, trocken schütteln und grobe Stiele entfernen. Den Rucola vor dem Servieren auf die Pizzas streuen.

»Collect moments, not things.«
VERFASSER UNBEKANNT

Lupinen-Eiskaffee

Unbedingt probieren! Der eiskalte Verführer mit Sahne und Vanilleeis wird mit Lupinenkaffee zubereitet. Schmeckt wie echter Kaffee, ist aber frei von Koffein.

FÜR 2 PERSONEN
ZUBEREITUNGSZEIT: 10 MIN. |
KÜHLZEIT: 2 STD.
PRO PORTION: CA. 590 KCAL |
10 G E | 38 G F | 52 G KH

→ 2 geh. TL Lupinenkaffeepulver
→ 100 g Sahne
→ 2–3 TL feiner Rohrohrzucker
→ ½ TL gemahlene Vanille
→ 4 Kugeln Vanilleeis
→ 2 TL Kakao-Nibs

1. Das Kaffeepulver mit 300 ml kochendem Wasser übergießen und ca. 5 Min. ziehen lassen. Dann den Kaffee durch ein feines Sieb in ein Gefäß abgießen und mindestens 2 Std. kalt stellen.

2. Vor dem Servieren die Sahne mit 1 TL Zucker und der Vanille steif schlagen. Die Sahne nach Belieben in einen Spritzbeutel mit großer Sterntülle füllen.

3. Den kalten Kaffee mit dem restlichen Zucker verrühren und in zwei Gläser oder Eispokale verteilen. Je zwei Kugeln Vanilleeis dazugeben. Die Sahne in großen Tupfen auf das Eis geben und die Kakao-Nibs daraufstreuen.

Hot Love

Heißer Lupinenkaffee mit Eis ist ein cooler Genuss – im Sommer wie im Winter. Dafür den Kaffee nicht kühlen, sondern heiß in die Gläser geben. Die Sahne halb steif schlagen und leicht in den Kaffee rühren. Je 1 Kugel Walnuss- oder Vanilleeis darauf verteilen und mit Zimtpulver bestäuben.

Frozen Lupinen-Joghurt mit Himbeeren

FÜR 8 PORTIONEN (CA. 500 ML)
ZUBEREITUNGSZEIT: 20 MIN. | GEFRIERZEIT: 50 MIN.
PRO PORTION: CA. 190 KCAL | 3 G E | 11 G F | 18 G KH

- → 500 g Himbeeren
- → 40 g Kokosblütenzucker
- → 1 Pck. Bourbon-Vanille-Rohrohrzucker
- → 1 EL Zitronensaft
- → 200 g Lupinen-Joghurtalternative
- → 2 EL Himbeeraufstrich (ohne Kerne; 70 % Fruchtanteil)
- → 150 g Sahne
- → 70 g Zartbitterschokolade (mind. 70 % Kakaoanteil)

AUSSERDEM:

- → Eismaschine

1. Die Himbeeren verlesen, abbrausen und trocken tupfen. Die Hälfte davon mit den beiden Zuckersorten und dem Zitronensaft in einem hohen Rührgefäß mixen, bis sich der Zucker aufgelöst hat. Joghurt, Himbeeraufstrich und 75 g Sahne unterrühren. Die Masse in den Behälter der Eismaschine füllen und nach Herstelleranweisung in 45–50 Min. cremig gefrieren lassen.

2. Inzwischen die Schokolade hacken. Zwei Drittel davon mit der übrigen Sahne bei kleiner Hitze schmelzen lassen. Die Schokosauce lauwarm abkühlen lassen.

3. Mit einem Eisportionierer vom Frozen Lupinen-Joghurt Kugeln abstechen und mit den übrigen Himbeeren in Schalen verteilen. Die Schokosauce daraufgießen und mit der restlichen Schokolade bestreut servieren. Übriges Eis in eine Gefrierbox füllen und im Tiefkühlfach aufbewahren.

Creamy

Das Eis könnt ihr auch mit Erdbeeren, Heidelbeeren oder Brombeeren zubereiten. Extra cremig wird es, wenn man die Eismasse vorher durch ein Sieb streicht.

Cappuccino-Eis mit Kaffeekrokant

FÜR 8 PORTIONEN (CA. 500 ML)
ZUBEREITUNGSZEIT: 30 MIN. |
GEFRIERZEIT: 50 MIN.
PRO PORTION: CA. 175 KCAL |
7 G E | 7 G F | 19 G KH

FÜR DAS EIS:
- → 2 EL Lupinenmehl
- → 400 ml Milch
- → 70 g Rohrohrzucker
- → 1 Vanilleschote
- → 2 Beutel Lupinen-Proteinshake-Pulver (à 18 g; Cappuccino-Geschmack)
- → 2 EL Kaffeelikör (ersatzweise Mokkalikör oder starker Lupinenkaffee)
- → 100 g Sahne

AUSSERDEM:
- → Eismaschine
- → 30 g Rohrohrzucker
- → 1 EL Pistazienkerne
- → 2 TL Lupinenkaffeepulver

1. Für das Eis das Lupinenmehl mit 100 ml Milch und dem Zucker glatt rühren. Die Vanilleschote längs aufschneiden und das Mark herauskratzen. In einem Topf 200 ml Milch mit Vanilleschote und -mark aufkochen. Die Mehl-Milch-Mischung hinzufügen und unter Rühren ca. 2 Min. köcheln lassen. Lauwarm abkühlen lassen und die Vanilleschote entfernen.

2. Das Proteinshake-Pulver und die restliche Milch mit dem Handrührgerät verrühren. Die Cappuccino-Mischung und den Likör unter die Vanillemilch rühren. Die Sahne steif schlagen und unterheben. Die Masse in den Behälter der Eismaschine füllen und nach Herstelleranweisung in 45–50 Min. cremig gefrieren lassen.

3. Inzwischen für den Krokant den Zucker in einer Pfanne bei mittlerer Hitze karamellisieren lassen. Die Pistazien hacken, mit dem Kaffeepulver zum Karamell geben und unter Rühren kurz anrösten. Die Masse auf einem mit Backpapier belegten Blech verteilen und erkalten lassen.

4. Den Krokant klein hacken. Mit einem Eisportionierer Kugeln vom Eis abstechen, in Gläser verteilen und mit Krokant bestreuen. Übriges Eis in eine Gefrierbox füllen und im Tiefkühlfach aufbewahren.

Schokoladen-Gugelhupf mit Bananen-Chips

FÜR 1 GUGELHUPFFORM (24 CM ; 20 STÜCKE)
ZUBEREITUNG: 30 MIN. | BACKZEIT: 50 MIN.
PRO STÜCK CA. 375 KCAL | 7 G E | 22 G F | 37 G KH

FÜR DEN TEIG:

- 250 ml Rapsöl
- 170 g Kokosblütenzucker (ersatzweise Rohrohrzucker)
- 1 Pck. Bourbon-Vanille-Rohrohrzucker
- Salz
- 500 g Dinkelmehl (Type 630)
- 100 g Lupinenmehl
- 1 Pck. Weinstein-Backpulver
- ca. 500 ml Lupinendrink (s.S. 29 oder Fertigprodukt; ersatzweise Mandel- oder Kokosdrink)
- 100 g Bananen-Chips
- 100 g Kakao-Nibs
- 2 EL schwach entöltes Kakaopulver

FÜR DIE GLASUR:

- 100 g Zartbitterschokolade (mind. 70 % Kakaoanteil)
- 1 EL Kokosöl

AUSSERDEM:

- Öl und Mehl für die Form
- 2 EL Kokosraspeln

1. Den Backofen auf 180° vorheizen. Die Gugelhupfform mit Öl einfetten und mit Mehl ausstäuben. Für den Teig das Öl, Kokoszucker, Vanillezucker und 1 Prise Salz in einer Rührschüssel mit dem Handrührgerät cremig rühren.

2. Die beiden Mehlsorten mit dem Backpulver mischen und unter die Zucker-Öl-Mischung rühren. Nach und nach so viel Lupinendrink dazugießen, bis der Teig schwer reißend vom Löffel fällt. Den Teig halbieren und eine Hälfte in eine zweite Schüssel geben.

3. Die Bananen-Chips in einem Gefrierbeutel mit dem Nudelholz fein zerbröckeln und unter eine Teighälfte rühren. Die Kakao-Nibs und das Kakaopulver unter die andere Hälfte mischen.

4. Den hellen Teig in die Form füllen, den dunklen Teig darauf verteilen. Eine Gabel spiralförmig durch beide Teige ziehen, sodass ein Marmormuster entsteht. Den Teig im Ofen (Mitte) ca. 50 Min. goldbraun backen. Den Gugelhupf herausnehmen und ca. 10 Min. abkühlen lassen. Dann aus der Form stürzen und auf einem Kuchengitter abkühlen lassen.

5. Für die Glasur die Schokolade mit dem Kokosöl in einem kleinen Topf schmelzen lassen. Die Schokoglasur etwas abgekühlt auf dem Kuchen verteilen, mit den Kokosraspeln bestreuen und fest werden lassen.

Neu und peppig

Limetten-Lupinen-Cupcakes

Die süßen Kleinen zeigen sich hier von ihrer saftigen Seite – dank Mehl, Joghurt und Drink aus der Lupine. Die Krönung: feine Kokos-Limetten-Creme.

FÜR 12 STÜCK
ZUBEREITUNGSZEIT: 30 MIN. |
BACKZEIT: 25 MIN.
PRO STÜCK CA. 330 KCAL |
8 G E | 18 G F | 31 G KH

FÜR DEN TEIG:
- → 180 g Dinkelmehl (Type 630)
- → 90 g Lupinenmehl
- → 2 EL Chia-Samen
- → 2 TL Weinstein-Backpulver
- → Salz
- → 2 Bio-Limetten
- → 150 g Muscovadozucker (ersatzweise Rohrohrzucker)
- → 200 ml Lupinendrink (s. S. 29 oder Fertigprodukt; ersatzweise Mandeldrink)
- → 200 g Lupinen-Joghurtalternative
- → 100 ml Rapsöl

FÜR DAS TOPPING:
- → 200 g Kokosjoghurt
- → 2 Beutel Lupinen-Proteinshake-Pulver (à 18 g; Kokosgeschmack)
- → 1 TL Johannisbrotkernmehl
- → 10 g Muscovadozucker (ersatzweise Rohrohrzucker)

AUSSERDEM:
- → 12er-Muffinform
- → 12 Muffin-Papierförmchen

1. Für den Teig den Backofen auf 200° vorheizen. Die beiden Mehlsorten mit Chia-Samen, Backpulver und 1 Prise Salz in einer Schüssel mischen. Die Limetten heiß waschen, abtrocknen, die Schale fein abreiben und den Saft auspressen. Die Hälfte der Limettenschale für das Topping zugedeckt beiseitestellen.

2. Die restliche Limettenschale, Limettensaft, Zucker, Lupinendrink, Lupinen-Joghurt und Öl in einer Schüssel mit dem Handrührgerät verrühren. Die Mehlmischung nach und nach dazugeben und alles zu einem glatten Teig verrühren.

3. Die Mulden der Muffinform mit Papierförmchen auslegen und den Teig darin verteilen. Die Muffins im Ofen (Mitte) in 20–25 Min. goldbraun backen.

4. Die Muffins aus dem Ofen nehmen und 10 Min. abkühlen lassen. Dann herausheben und auf einem Gitter abkühlen lassen.

5. Inzwischen für das Topping den Kokosjoghurt mit dem Proteinshake-Pulver und Johannisbrotkernmehl glatt rühren. Die übrige Limettenschale mit dem Zucker im Mörser zerreiben. Je einen Klecks Kokosjoghurtcreme auf die Muffins geben und mit Limettenzucker bestreuen.

Lupi-Beauty-Mask

Lebendige Ausstrahlung und ein frischer rosiger Teint: Mit dem Mehl der Lupinen kann man nicht nur Kuchen backen, sondern auch müde Gesichtshaut straffen.

FÜR 1 GESICHTSMASKE

→ 2 TL Lupinenmehl
→ 2 TL Zitronensaft (ersatzweise Limettensaft)
→ 1 TL Arganöl

1. Das Lupinenmehl mit Zitronensaft und Arganöl in einer Schale cremig verrühren.

2. Die Mischung gleichmäßig auf die gereinigte Haut von Gesicht, Hals und Dekolleté auftragen, dabei die Augen- und Mundpartie aussparen. Die Maske 10–15 Min. einwirken lassen.

3. Die Lupinenmaske mit lauwarmem Wasser abspülen oder mit einem feuchten Tuch abrubbeln.

Wirkung

Die Samen der weißen Lupine bestehen bis zu 40 Prozent aus Eiweiß. Und genau das ist es, was die Lupine auch hier so wertvoll macht: Protein ist der wichtigste Baustein unseres Bindegewebes in der Haut. Die in der Beauty-Mask enthaltenen Wirkstoffe stärken und straffen die Gesichtshaut. Naturkosmetiker nutzen die positiven Eigenschaften der Lupine in Anti-Falten-Cremes.

» When it rains, look for rainbows. «
VERFASSER UNBEKANNT

Lupinenwaffeln mit Rhabarberkompott

FÜR 2 PERSONEN
ZUBEREITUNGSZEIT: 1 STD.
PRO PORTION: CA. 845 KCAL | 24 G E | 33 G F | 107 G KH

FÜR DEN TEIG:

- 100 g Dinkelmehl (Type 630)
- 50 g Lupinenmehl
- 2 EL Lupinenflocken
- 1 TL Weinstein-Backpulver
- 50 ml Rapsöl (kalt gepresst)
- 50 g Rohrohrzucker
- ¼ TL Zimtpulver | Salz
- 150 ml Lupinendrink (s.S. 29 oder Fertigprodukt; ersatzweise Mandeldrink)
- 6–8 EL Mineralwasser mit Kohlensäure (nach Belieben)

FÜR DAS KOMPOTT:

- 200 g Rhabarber
- 50 g Gelier-Rohrzucker (1:2)
- 6 EL Orangensaft
- 1 Streifen Bio-Orangenschale
- 125 g Erdbeeren

AUSSERDEM:

- Waffeleisen
- Öl für das Waffeleisen

1. Für den Teig die beiden Mehlsorten, die Lupinenflocken und das Backpulver in einer Schüssel mischen. Öl, Zucker, Zimtpulver und 1 Prise Salz in einer zweiten Schüssel mit dem Handrührgerät cremig rühren. Die Mehlmischung und den Lupinendrink nach und nach unter Rühren zum Öl-Mix geben und alles zu einem glatten, dickflüssigen Teig vermischen. Den Teig zugedeckt ca. 20 Min. quellen lassen.

2. Inzwischen für das Kompott den Rhabarber putzen, schälen und in ca. 1 cm breite Stücke schneiden. Den Gelierzucker in die Mitte eines Topfs geben und bei mittlerer bis großer Hitze goldbraun karamellisieren lassen. Den Orangensaft dazugießen (Vorsicht, das spritzt!) und den Zucker unter Rühren schmelzen lassen. Rhabarber und Orangenschale hinzufügen und alles unter gelegentlichem Rühren ca. 5 Min. köcheln lassen, bis der Rhabarber weich ist, aber nicht zerfällt. Das Kompott in eine Schüssel umfüllen und lauwarm abkühlen lassen.

3. In der Zwischenzeit die Erdbeeren abbrausen, putzen, je nach Größe halbieren oder vierteln und unter das Kompott heben. Die Orangenschale entfernen.

4. Den Waffelteig erneut durchrühren. Falls er zu zähflüssig ist, noch 6–8 EL Mineralwasser unterrühren. Das Waffeleisen auf mittlerer Stufe vorheizen und dünn mit Öl einstreichen. 2–3 EL Teig in das Waffeleisen geben, zuklappen und die Waffel in 3–4 Min. goldbraun backen. Aus dem übrigen Teig nacheinander auf die gleiche Weise weitere 7 Waffeln backen. Die Waffeln mit Rhabarberkompott servieren.

Vom Frühling geküsst

Orangen-Cookies mit Chocolate-Chips

FÜR 36 STÜCK
ZUBEREITUNGSZEIT: 25 MIN. | BACKZEIT: 25 MIN.
PRO STÜCK CA. 80 KCAL | 2 G E | 5 G F | 7 G KH

→ 120 g vegane Margarine
→ 100 g feiner Rohrohrzucker
→ 1 TL Bourbon-Vanille-Rohrzucker
→ abgeriebene Schale von 1 Bio-Orange
→ Salz
→ 2 EL Lupinenmehl
→ 125 g Dinkelmehl (Type 630)
→ ½ TL Weinstein-Backpulver
→ 50 g Lupinenflocken
→ 50 g Walnusskerne
→ 100 g vegane Bitterschokolade (mind. 70 % Kakaoanteil)

Summer Cookies

Aus deiner Lieblingseiscreme mit einem Eisportionierer Kugeln formen. Je 1 Eiskugel zwischen zwei Cookies legen, leicht andrücken und die Eis-Sandwiches ca. 10 Min. ins Tiefkühlfach geben.

1. Margarine, Rohrohrzucker, Vanillezucker, Orangenschale und 1 Prise Salz in einer Rührschüssel mit dem Handrührgerät ca. 5 Min. sehr cremig rühren. Das Lupinenmehl 3 Min. mitrühren. Dinkelmehl, Backpulver und Lupinenflocken in einer zweiten Schüssel mischen und zügig unter die Margarinemischung rühren.

2. Die Walnüsse fein hacken. Die Schokolade ebenfalls klein hacken und mit den Walnüssen unter den Teig heben.

3. Den Backofen auf 190° vorheizen. Zwei Bleche mit Backpapier auslegen. Den Teig mit zwei Teelöffeln in kleinen Häufchen mit ca. 5 cm Abstand auf die Bleche setzen. Die Teighäufchen blechweise im Ofen (Mitte) in 10–12 Min. hellbraun backen. Herausnehmen und die Cookies auf den Blechen abkühlen lassen.

4. Die Cookies in Dosen schichten, dabei zwischen die einzelnen Lagen Pergamentpapier legen. Kühl und trocken gelagert halten die Cookies ca. 4 Wochen.

Healthy Crisp

Beerenkuchen mit Mandelcreme

FÜR 1 SPRINGFORM (26 CM ; 12 STÜCKE)
ZUBEREITUNGSZEIT: 1 STD. |
BACKZEIT: 20 MIN. | KÜHLZEIT: 1 STD.
PRO STÜCK CA. 285 KCAL |
7 G E | 13 G F | 35 G KH

FÜR DEN TEIG:

→ 160 g Weizenmehl (Type 550)
→ 90 g Lupinenmehl
→ 40 g Rohrohrzucker
→ 1 Msp. Salz
→ 1 TL abgeriebene Bio-Zitronenschale
→ 125 g vegane Margarine

FÜR DIE CREME:

→ 500 ml Mandeldrink
→ 1 Pck. veganes Puddingpulver (für 500 ml Flüssigkeit)
→ 50 g Rohrohrzucker
→ 60 g Dinkelvollkorngrieß
→ 30 g feines Lupinenschrot
→ 1 TL abgeriebene Bio-Orangenschale
→ 150 g Lupinen-Joghurtalternative (ersatzweise Sojaghurt)

FÜR DEN BEERENBELAG:

→ 400 g gemischte Beeren (z.B. Himbeeren, Heidelbeeren, Johannisbeeren)
→ 2 EL Himbeeraufstrich
→ 1 Pck. veganer Tortenguss
→ 125 ml Orangensaft
→ 20 g Rohrohrzucker
→ 2 EL Mandelblättchen

AUSSERDEM:

→ Mehl zum Arbeiten
→ getrocknete Hülsenfrüchte zum Blindbacken

1. Den Backofen auf 200° vorheizen. Für den Teig alle Zutaten mit 3–4 EL kaltem Wasser mit den Knethaken des Handrührgeräts mischen. Mit den Händen rasch zu einem Teig verkneten und auf der bemehlten Arbeitsfläche zu einem Kreis von 32 cm ∅ ausrollen. Teig in die mit Backpapier ausgelegte Springform legen, den Rand andrücken. Den Teig mit einer Gabel mehrmals einstechen, mit Backpapier belegen und die Hülsenfrüchte daraufgeben. Den Boden im Ofen (Mitte) ca. 15 Min. vorbacken. Hülsenfrüchte mit dem Papier entfernen, den Boden 5 Min. weiterbacken. In der Form abkühlen lassen.

2. Inzwischen für die Creme 100 ml Mandeldrink mit dem Puddingpulver verrühren. Den übrigen Mandeldrink mit dem Zucker erhitzen, den Grieß und das Lupinenschrot einrühren. Den Grießbrei auf der ausgeschalteten Herdplatte unter Rühren ca. 5 Min. quellen lassen. Die Puddingmischung unter den Grießbrei rühren und unter Rühren ca. 1 Min. kochen. Lauwarm abkühlen lassen, Orangenschale und Joghurt unterrühren.

3. Für den Belag die Beeren waschen und trocken tupfen. Den Himbeeraufstrich auf dem Boden verteilen. Den Grießpudding und die Beeren darauf verteilen. Den Tortenguss mit 125 ml Wasser, Orangensaft sowie Zucker nach Packungsangabe zubereiten und auf den Beeren verteilen. Den Kuchen mindestens 1 Std. kühl stellen.

4. Die Mandelblättchen in einer Pfanne ohne Fett goldbraun rösten. Den Kuchen mit den Mandelblättchen bestreuen.

Lupine hoch zwei!

Buzzwords

LUPINEN-CRUNCHYS
heißen geraspelte, also fein zerkleinerte Lupinenkerne. Einfach über Müslis und Salate streuen oder als Snack knabbern. Für einen zarten Biss in Wasser oder einer anderen Flüssigkeit einweichen oder quellen lassen.

LUPINENDRINK
kommt von allen Pflanzendrinks der Kuhmilch am nächsten, ohne das Bitteraroma dieser Hülsenfrucht. Eignet sich pur zum Trinken, zum Kochen und Backen und ist eine gute Basis für Frucht-Shakes, Smoothies und Desserts. Auch für Milchschaum verwendbar.

LUPINENFILET
ist ein toller pflanzlicher Fleischersatz aus Süßlupinensamen und eine gute Alternative zu Sojaprodukten. Mild gewürzt, von fester Konsistenz und herzhaft im Geschmack eignet es sich prima zum Kurzbraten und Grillen.

LUPINENFLOCKEN
werden aus geschälten Lupinensamen geflockt. Ein Top-Eiweißbooster fürs tägliche Müsli. Um ihren leicht bitteren Nachgeschmack zu minimieren, sollte man sie am besten mit anderen Getreideflocken mischen oder über Nacht einweichen, kochen oder anrösten.

LUPINEN-JOGHURTALTERNATIVE
Cremig und leicht säuerlich im Geschmack ist die vegane Alternative zu Joghurt eine tolle Grundlage für Müslis, Desserts, Dips und Drinks.

LUPINENKAFFEE
Die schonend gerösteten Lupinensamen sind der ideale Ersatz für alle, die auf ihre tägliche Tasse Kaffee oder Espresso nicht verzichten wollen, auf Koffein aber schon. Voll im Geschmack, aromatisch und frei von Reizstoffen.

LUPINENMEHL
aus geschälten Lupinensamen fein gemahlen eignet sich prima zum Backen. Es passt zu süßen und herzhaften Teigen für Kuchen, Gebäck, Pfannkuchen und Brot und verleiht ihnen eine schöne Gelbfärbung. Da es kein Klebereiweiß (Gluten) enthält, wird es nicht pur verwendet, sondern mit herkömmlichen Mehlen gemischt. Es bindet auch Suppen und Saucen.

LUPINENMISO
ist eine Würzpaste, die nach japanischem Vorbild aus Süßlupinen mit »Köji«, einem Edelschimmelpilz, 1–2 Jahre lang fermentiert wird. Leicht süßlich im Geschmack und dezent salzig eignet sie sich zum Würzen für helle Saucen, Suppen, Salate und Rohkost.

LUPINENNUDELN
Ob Tagliatelle, Fusilli oder Spaghetti: Pasta aus Vollkornmehl von Hartweizen oder Dinkel und Lupineneiweiß sind ein Highlight im Kochwasser für Low-Carb-Fans und Sportler.

LUPINENSAMEN
sind die Kerne der speziell gezüchteten und ökologisch angebauten Süßlupinen, in denen kaum noch Bitterstoffe stecken. Die ursprünglich aus dem Mittelmeerraum stammende Hülsenfrucht wird auch als »Soja

des Nordens« bezeichnet. Zu Recht: Mit rund 40 Prozent wertvollem Eiweiß toppen Lupinenkerne jeden anderen pflanzlichen Proteinlieferanten. Die Samen sind reich an Vitamin E und Mineralstoffen und frei von Purinen und Gluten. In der Küche werden sie wie Hülsenfrüchte zubereitet: die getrockneten Samen über Nacht in reichlich kaltem Wasser einweichen und anschließend in frischem Wasser weich kochen oder zu Sprossen ziehen. Ideal für die Blitzküche sind vorgegarte und in Salzlake eingelegte Lupinenkerne aus dem Glas.

LUPINENSCHROT
wird aus ungeschälten Lupinensamen hergestellt und im Handel grob oder fein wie Grieß vermahlen angeboten. Es ist optimal, um Müslis, Brot, Grießbrei und Smoothies mit Eiweiß anzureichern und eignet sich prima als Basis für Veggie-Burger und -Bolognese.

LUPINENTEMPEH
wird aus Süßlupinen mit Rhizopus-Pilzkulturen natürlich fermentiert. Die würzige Spezialität mit kerniger Struktur schmeckt angebraten zu Gemüse, Kartoffeln und Reis.

Where to buy

EINZELHANDEL MIT ONLINESHOPS

Alnatura (www.alnatura.de)
Denn's Biomarkt (www.denns-biomarkt.de)
Edeka (www.edeka.de)
Reformhaus (www.reformhaus.de)
Tegut (www.tegut.com)
Veganz-Märkte (www.veganz.de)
VollCorner Biomarkt (www.vollcorner.de)

ONLINEHANDEL

www.amazon.de
www.govinda-natur.de/shop
www.jordanolivenoel.de
www.konzelmanns.de
www.lieferello.de
www.naturkost.de
www.piowald.com
www.purvegan.de
www.spanische-bodega.de
www.veganbasics.de
www.violey.com

Register

Hier sind neben den Rezeptnamen auch Hauptzutaten aufgelistet. Darunter findest du das Rezept deiner Wahl. Vegetarische Rezepte sind farblich hervorgehoben.

K

L

M

Impressum

Konzept: Marline Ernzer, Stefanie Poziombka

Projektleitung: Dr. Maria Haumaier

Lektorat: Gertrud Köhn

Korrektorat: Ulrike Wagner, Plan W

Innen- und Umschlaggestaltung: Anzinger & Rasp Kommunikation GmbH, München

Illustrationen: Tanja Meyer, Bonn

Herstellung: Martina Koralewska

Satz: L42 AG, Berlin

Reproduktion: Medienprinzen, München

Druck und Bindung: F+W Druck- und Mediencenter, Kienberg

Printed in Germany

ISBN 978-3-8338-5940-3

1. Auflage 2017

Die GU-Homepage finden Sie unter www.gu.de.

GRÄFE UND UNZER

Ein Unternehmen der
GANSKE VERLAGSGRUPPE

www.facebook.com/gu.verlag

DIE AUTORINNEN

Martina Kittler, Diplom-Ökotrophologin und erfolgreiche Kochbuchautorin, versteht es perfekt, in ihren fantasievollen Rezepten die happy healthy Ernährung umzusetzen.

Barbara Klein, Expertin für Fitness und Ernährung, hat ihr Wissen und ihre Leidenschaft für die Süßlupine in die Infotexte einfließen lassen.

DIE FOTOGRAFEN

Wolfgang Schardt hegt eine Leidenschaft für gutes Essen und hat ein Händchen dafür, jedes Gericht im besten Licht zu präsentieren. Zusammen mit **Roland Geiselmann** (Foodstyling) und **Janet Hesse** (Assistenz) setzte er die happy healthy Lupi-Küche perfekt in Szene.

BILDNACHWEIS

Titelfoto: Nicky Walsh, Berlin; Fotos: Wolfgang Schardt, Hamburg;

Weitere Fotos: iStock: S. 18, 38, 64, 88, 102, 114; Stocksy: S. 72

Illustrationen: Tanja Meyer, Bonn

Ein großes Dankeschön an unser Cover-Handmodel **Nina Birkelbach** aus Berlin.

TITELREZEPT

Pfeffer-Lupinenfilet mit Pimientos-Kartoffel-Wedges (S. 78)

Syndication:
www.seasons.agency

QUALITÄTS G|U GARANTIE

Liebe Leserin, lieber Leser,

haben wir Ihre Erwartungen erfüllt? Sind Sie mit diesem Buch zufrieden? Haben Sie weitere Fragen zu diesem Thema? Wir freuen uns auf Ihre Rückmeldung, auf Lob, Kritik und Anregungen, damit wir für Sie immer besser werden können.

GRÄFE UND UNZER Verlag
Leserservice
Postfach 86 03 13
81630 München
E-Mail:
leserservice@graefe-und-unzer.de

Telefon: 00800 / 72 37 33 33*
Telefax: 00800 / 50 12 05 44*
Mo–Do: 9.00 – 17.00 Uhr
Fr: 9.00 – 16.00 Uhr
(gebührenfrei in D, A, CH)*

Ihr GRÄFE UND UNZER Verlag
Der erste Ratgeberverlag – seit 1722.

Umwelthinweis:
Dieses Buch ist auf PEFC-zertifiziertem Papier aus nachhaltiger Waldwirtschaft gedruckt.

Umschlag: ZanpacTouch

Backofenhinweis:
Die Backzeiten können je nach Herd variieren. Die Temperaturangaben in unseren Rezepten beziehen sich auf das Backen im Elektroherd mit Ober- und Unterhitze und können bei Gasherden oder Backen mit Umluft abweichen. Details entnimmst du bitte deiner Gebrauchsanweisung.